听一出戏

王芳◎著

杨俊的戏曲人生

长江出版传媒　长江文艺出版社

图书在版编目（CIP）数据

听一出戏：杨俊的戏曲人生 / 王芳著. --武汉：
长江文艺出版社，2022.8
ISBN 978-7-5702-2434-0

Ⅰ. ①听… Ⅱ. ①王… Ⅲ. ①杨俊－传记 Ⅳ.
①K825.78

中国版本图书馆 CIP 数据核字(2021)第 220425 号

听一出戏：杨俊的戏曲人生
TING YI CHU XI : YANG JUN DE XIQU RENSHENG

责任编辑：李 艳　　　　　　　　责任校对：毛季慧
封面设计：颜 森　　　　　　　　责任印制：邱 莉　胡丽平

出版：长江出版传媒　长江文艺出版社
地址：武汉市雄楚大街 268 号　　　邮编：430070
发行：长江文艺出版社
http://www.cjlap.com
印刷：湖北金港彩印有限公司

开本：720 毫米×980 毫米　　1/16　　印张：20　　插页：4 页
版次：2022 年 8 月第 1 版　　　　2022 年 8 月第 1 次印刷
字数：257 千字

定价：88.00 元

目录 Contents

卷三

艺之魅——横看成岭侧成峰
光影中，宣泄艺术情感是令人陶醉的

卷四

艺之缘——戏里戏外
好的戏剧，是与人民共同创造的

卷 五

附录

她一路奔驰，扬着朝圣的大旗

艺 之 始

—— 杨家有女初长成

最初的选择，决定一生的道路

《山河袈裟》中，李修文说："人活一世之真相，都在戏台上。"

然。

戏台暗喻人生，人生演就戏事。

杨俊，一生从事黄梅戏艺术。在表演艺术上，她获得过"梅花奖"和"文华奖"，以及其他多项地方性奖项。她的人生，从安徽起步到扎根湖北，一路艰难挣扎，一路起伏跌宕。不论从戏曲史还是人生传奇来讲，都算得上是：金花笺上有芳名。

1.杨家有女初长成

当涂，坐落于安徽东部，处于长江下游东岸。

这个小城，追根溯源，源于古涂山氏国，《尚书·益稷篇》就有禹娶涂山氏女的记载。后又取地处临淮涂山之意，有了当涂之名。

当涂不是一般的县，算来已经有 2200 多年的置县史。历史上曾为宋代太平州，明清太平府，清代长江水师、安徽学政署所在地。当涂的自然风光、历史人文吸引着历史上的文人墨客在此停留，先后有600 多位诗人在这里写下诗文。南朝谢氏家族中的谢朓，称当涂为"山水都"，这位当过官，最终还是做了文人的人，用这样三个字为当涂的胜景背书。来自唐朝的、咀英嚼华惊神泣鬼，口吐半个盛唐的、偏爱在诗酒月之间漫游的李白，7 次游历当涂，写下56 首绝唱，死后长眠当涂青山。还有那首"我住长江头，君住长江尾，日日思君不见君，共饮长江水"，也是北宋李之仪为当涂写下的。

小小的当涂，尽管从国、郡、府一路缩小至县级建制的地方，却是大大的文艺故乡。

当涂，以千年的风情孕育地域文化，李白的加盟又让当涂的文化带

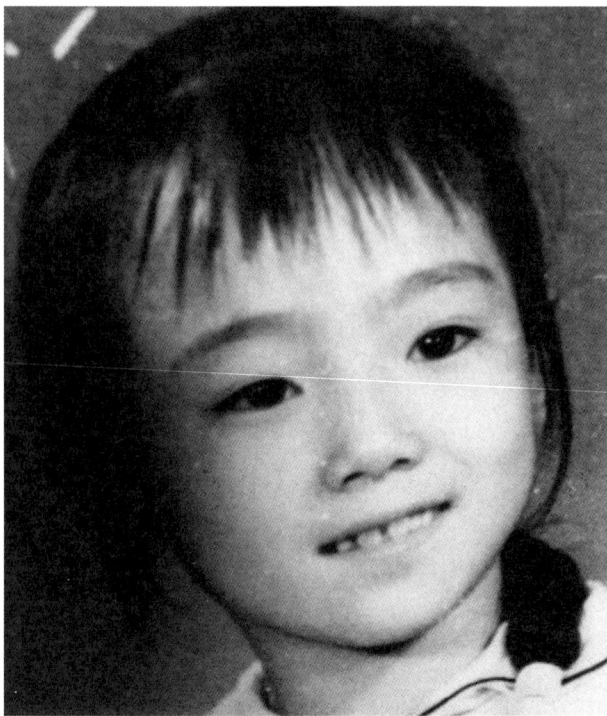

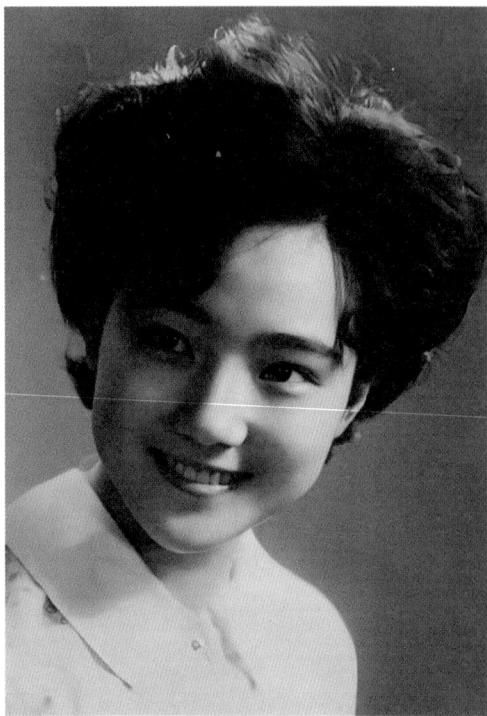

有丰沛的诗情，带有对月亮的亲近和追寻。当"君住长江头，我住长江尾，日日思君不见君""歌动白伫山，舞回天门月""两岸青山相对出，孤帆一片日边来"的吟哦之声。一声一声浪千叠的时候，当涂在呼唤一位代表当涂文化的现代人现世。

当涂在等，安徽在等，黄梅戏在等。 就在这样的一个小城，1963年11月，杨俊带着这样的脉动出生。

她守着青山，在青山下读书，在青山下玩耍，在青山下长大。

杨俊曾笑着说，小的时候，她感觉自己是一个多余的人。

她在家排行第四，在她出生之前，家里已经有一个哥哥、两个姐姐。哥哥是家里唯一的男孩，中国人自古重男轻女，哥哥在父母心里自然是重要的。大姐姐是家里第一个女孩，出生便带有父母的宠爱，小姐姐由于患有小儿麻痹症，也惹人怜爱。

因此，她的到来并未给家庭带来想象中的快乐。父母曾说过，她不是他们计划中想要的孩子，这就让她有了多余的感觉。当然，这并不是说父母不爱自己的孩子，实际上，父母所给予她的宠爱，一分都没有少。当时的情况是由家庭条件决定的。

小杨俊刚出生时，我们国家刚刚经历了三年困难时期，人们还没从这样的困窘中走出来。杨俊所经历的贫穷和饥饿，所经历的苦难的童年，都是全国普遍现象。

她的父亲是当涂县农林局的干部，哥哥和姐姐需要上学，只能随着父亲住在城里。母亲带着她和小姐姐在青山林场看林子。于是，一家人两地分居。

她从记事起，就记得和父母睡同一张床，每晚她在似睡非睡之间，听到父母所谈的话，都是该问谁借钱。他们家当时应该欠了不少债。她看的听的都是人间的不幸、生活的不易。

她温柔地说，她是代替小姐姐看世界走天下的，她身上有两个人活在这个世上的使命。

为了让她能照顾姐姐，父母让小姐姐留级，和她同班同级，她背着小姐姐度过了童年。她记得，她小小的背上，总是有小姐姐残疾的身子，她背着小姐姐走路、上学、放牛、喂猪，仿佛她生下来的使命就是保护小姐姐。为了保护好小姐姐，她没少和欺负小姐姐的人打架。那些男孩子欺负小姐姐比欺负她更让她难受，这是不可以的，每次她都会攥紧双手，在心疼得不行的时候，伸出拳头去。为此，在学校打架，她也是出了名的。也是这样的家庭和这样的成长环境，让她养就了男孩的性格。

小姐姐杨林在她们上学的校园里，看着葱茏的树木，说，是小俊妹妹背着她上学放学。说这话时，小姐姐的神情是带点儿骄傲、怀念、怅惘的。这时候，旁边的大姐姐搂了搂小姐姐的肩。她们姐妹间的温暖是自然而然的，就温馨地"泄露"在眉目间和肢体动作上。她们原来的家，就在学校附近，出了学校的后门，穿过一条小巷子就到了。

●杨俊和父亲

在她的记忆里，她的父亲很刚，一点儿不柔软。中国古话讲得好，刚则易折，父亲一辈子不求人，也因此给他们留下了自尊坚强的品格。

用她的话说，刚强的父亲给他们留了一笔财富，这个财富的名字叫"自由的根"。这"根"的意思就是能去哪发展就去哪发展，只要能出人头地。父亲心里的世界很大，教会他们奔向无限的可能。后来，是父亲亲手把他们送出当涂，让他们去做自己喜欢的事。也因为父亲，兄妹四个都成为心里长牙的人。用小姐姐杨林的话说，他们兄妹几个都在努力经营自己，在各自岗位上做出了不俗的成绩，这一点很让家乡人敬佩，这都归功于父亲。

母亲善良能干，给了他们温柔和绵善。

父母的品质在杨俊身上兼而有之：既刚也柔，既坚强亦绵善。

他们的生活质量一点儿都不高。父母工资低，有点钱还要给残疾的

●杨俊小时候

小姐姐和双目失明的奶奶看病，所以总是捉襟见肘。家里多一个人就要多一份口粮，因此，等杨俊到来的时候，家里情况就更紧张了。套用一句流行语，是贫穷限制了发展，是贫穷导致了童年的感受。到现在，她都没有消费观，也不爱吃零食。这样的她，一生都对小人物存着悲悯之心。小姐姐说，小俊只要看到乞丐就会给人家钱。

这样的善良本质，伴随她一生，她一生都没有丢掉她的本真。

杨俊看着家里的情况，在很小的时候就立下志愿，她要出人头地，她要改善家里的生活。

虽然，那时他们并没有过上多少好日子，却让他们全家更懂得亲情的要紧，懂得血缘的可贵。

在她看来，苦难的童年也不是一无是处，不管是母亲怀着她时，还是她长大一点跟着母亲看林子时，有一样是不缺的，那便是水果。每当有水果落下来，她们便会捡来吃，由此便养了一副水果般的好皮肤。

后来她知道，父母是宠爱她的，只是在生活重压下，没有表现出来。父亲的爱深沉，母亲的爱绵柔，伴随着她生命的每一个阶段。

小学那几年，她是班里的文艺队长。爱唱爱跳，学什么都是一触即通。她是学校的脸面，经常被老师带出去炫耀。成绩也不错，只有考试或者比赛，能让她找到自信和快乐。世界是公平的，此处有彼处无，失去的会以另一种方式归来，她的那种感觉，就是一种平衡，用智商去弥补生活的不足。而且人在哪个方面着力，哪个方面就会有成果，天道酬勤。

杨俊记得，到她小学毕业的时候，家里还有债务没还完。这样的重压，让家里人早早地寻找出路。

当年的当涂，要离开家有两条路可走，一是当兵，二是文艺。

哥哥当了兵。

当个女兵是她的第一梦想，但是当兵的要求太多，并不是有志愿便可以，尤其是女兵。当不成，就退而求其次，从事文艺。

适逢安徽省艺术学校来当涂招生，小学老师带着她去考试。当涂考完，她的各项表现都很让招生的老师满意，随后负责招生的老师们还需要看看父母的身高以确定她能长多高（这时父母才知道她要考试）。看到她的父母个子都高，招生的老师们放心了，断定她以后还会长个子。就这样她被选上了。

选上了还要到芜湖地区去会考。这次会考，是千军万马过独木桥，从千万人中挑出寥寥几十个人，难度可想而知。之所以会这样，是因为这是成千上万个家庭的出路。对于平民百姓，这是一个最好的选择：从他们这一届开始，学费全免，还有两季练功服。对于杨俊这样的家庭来说，则不仅给家里减轻了负担，还是一个理想的去处。

不仅仅她经历的这次考试是如此，那个年代，戏曲兴盛起来，全国各地都在为戏曲培养人才，所有的艺校或戏校招生都是千军万马过独木桥。

父亲带着她到芜湖去。

可是看着别人考试，父亲却犯疑了，那么多考生，别人会唱还会动作，而他家小俊只会唱，也没学过动作，这咋办？父亲着急了。当年去考试的人里，还有一个叫张辉的男生。张辉的母亲许桂兰是郎溪县皖南花鼓戏剧团有名气的演员。一辈子不求人的父亲为了他家小俊，还是去找了张辉母亲：看看能不能为我家小俊设计一个动作啊？张辉母亲答应了。也许是这一次小小的相遇，让张辉母亲记着杨俊一辈子。那时候，张辉母亲断定，这个孩子以后一定有出息。多年后，杨俊成名了，张辉母亲依然会说，谁也没有小俊演得好啊！

考试的时候，杨俊唱的是儿歌《我是公社小社员》，还有电影《闪闪的红星》的主题歌。她在这方面有天分，虽然这两首都是歌曲不是戏曲，但她考的成绩一样不差。

考完回去，又等了半年，最后险险地，她被安徽省艺校黄梅戏班录

● 绿树成荫的"当涂站"

取了。

1975 年，未满 12 岁的小杨俊从县城来到省会合肥，到安徽省艺术学校报到。

她还能记得 11 岁多的自己，拎着行李，从安徽当涂县的小火车站踏上未知的漫长的行旅。那个小小的火车站，是低矮的平房，门上有"当涂站"三个字，两边绿树成荫。如今的小站不禁让人想起崔健的那一首《站台》，长长的站台，漫长的等待。每一座车站都是水流中的孤岛，只能作为故事的开始，只能寻找另外的空间延续。每一个从车站走出的人，命运都会不再相同。

那个小车站，对于他们家人来说，有着特别的沧桑记忆，家人无数次地去那个小车站送自己的亲人和友人。小姐姐说，车站送别，是他们家的一道风景。

当时和小杨俊同时离开家的还有她亲爱的哥哥，这是杨俊和哥哥上演的属于她人生的第一出"双下山"（杨俊的代表作剧名）。

从离开那时起，杨俊便是孤独一人闯荡，风雨兼程。

在艺校的日子，她很快乐。

她学的行当是刀马旦，兼习小花旦。她刻苦练功：圆场，抃腰，云手，翻身，飞脚，蹲跳，拿顶，下腰，前桥，后桥，毽子，弹板，一项项，她不厌其烦地练，汗水流在训练场上。她在心里暗暗地长牙。这些功夫没有白练，这让她在日后的从艺中如虎添翼。除了做功，唱功、念白，她一样也不敢懈怠。在一年年的竹子拔节一样的成长中，她出落得有模有样。她除了自己的专业学得好，还是美术系的模特、音乐系的报幕员，等等，她像一道光，穿梭在学校的斑驳树影中。

艺校那五年，她就像果园里的叶片一样，疯狂地吸收着水分，变成自己的叶绿素，然后，向着太阳倔强地生长。她仿佛窥见了舞台上散发

● 在艺校苦练基本功

出来的光亮，仿佛听见了黄梅戏对她的呼唤，那是她命定要终生奋斗的地方。

冥冥中，她天生属于舞台，属于戏，属于表演。在学校，她仿佛找到了实现梦想的地方。

那么美，那么好。

美好的是她的成长，美好的是学校留给她的感觉。

五年教育，五年成长。五年岁月如天上流云，一闪即逝。最终杨俊以全班第一名的毕业成绩毫无争议地留在了省城，进入了安徽省黄梅戏剧团。

苦难的童年，五年的小学求学生涯，再加上五年的艺校训练，小杨俊度过了自己的少女时代，成长为《双下山》里的小尼姑一样的青春浪漫、甜美娇憨的模样。

杨家有女初长成。

2.生死轮回，几番跌宕

这一年是 1980 年，杨俊进入安徽省黄梅戏剧团。

进剧团不久，也就是在 1982 年，剧团要到香港演出。

杨俊他们之所以能到香港演出，是有前缘的。

20 世纪 50 年代，黄梅戏在安徽发展了起来。不仅仅在国内流行，还通过影片和唱片传播到了香港。当然，这样的传播要归功于黄梅戏电影《天仙配》。电影让黄梅戏长出了一双翅膀，飞得更远，覆盖面更广。尤其是在港澳地区的放映，效果是空前的。那时港澳地区人人俱唱黄梅调，连著名歌星邓丽君都是唱黄梅调起家的。歌星、影星对黄梅戏的追捧更让黄梅戏家喻户晓。

到 80 年代初，杨俊、马兰他们一批人进入各级剧团。他们的加入，给黄梅戏补充了新鲜血液，强大的阵容，让安徽上下充满朝气和力量。这时，全国戏曲演出日益红火，黄梅戏演出更是盛况空前，各地黄梅戏剧团翻箱倒柜，把所有能恢复的剧目演了个遍，安徽全省从省到市到县有 36 个剧团（1981 年的官方统计）在演出，就这也满足不了人们的精神需求。那时候，奔波看戏的人群成为一道风景。

有这样的氛围和铺垫，黄梅戏剧团到香港演出顺理成章。

1981年秋，在安徽省政府和文化部门支持下，安徽省黄梅戏剧团积极准备赴香港演出，意在打造黄梅戏品牌。演出的指导思想是"以著名演员为艺术指导，以中年演员为骨干，大胆起用青年演员在舞台上承担重任"。

去香港演出前夕，剧团把演出人员集中到三十里铺排戏。

杨俊看着同学们都带着练功服去排练了，她心里有说不出的不舒服。那时的她，常演的角色有《天仙配》里的三姐、《女驸马》里的小春红、《罗帕记》里的小汪锦龙，等等。凭她的机灵和才情，这些角色对于她来说，一招一式，一颦一笑，驾轻就熟，很容易就能完成，没有得到心仪的角色，她不高兴，没有跟着去。

她在艺校时，是综合素质特别高的女孩子，是光束照着的中心人物，可是此刻，她却不复学校那样的光彩，命运的追光照的是别人。她不去排练，对同学有嫉妒心，心里难受，就去三十里铺周围的果园里待着。

有时候，只是望着果子出神。有时候躺在树下，看着阳光被树叶切割成许多细细碎碎的光影，想一些不想为外人道的心事。心里那种属于少女的不满像野兽一样叫嚣着，就要挣脱身子，挣脱被衣服包裹起来的听话和服从。说到底，这是少女时期，自己与自己的冲撞。

烦躁时，她就数果子，一个两个三个无数个，数完这棵数那棵，一直数到果园的围墙边，一直数到夕阳落下时。心里的小野兽在数果子的过程中，变得委屈，变得不解。很难过的时候，她会把双手聚拢，接住从树叶边缘流下来的雨，还有早晨的露水，流下一些因为好强而从不向外人显露的泪水。

她想问为什么。她不知道为什么。

虽然自己在学校时不算合群的学生，但她基本功很好，综合素质高，在艺校是高才生，是老师们手里的宝。不知谁说过，综合素质高的人去哪儿都吃不了亏，这句话，她记了一辈子，也始终让自己保持着学习的能力。

到了剧团的她，以为自己会像在学校一样，获得大众的关注，收集众人的目光，站在台子上，她就是中心，舞台会给她存在感。

可是，没想到，剧团和学校是不同的两个世界。学校的第一名和演出的第一顺位，是不一样的排行顺序。到了剧团划分行当后，多是青衣演主角，而小花旦只演二、三路角色，她没有一样是差的，表演、基本功、悟性、模样，她都不差，可还是不能成为主角。这样的反差，让她不服又委屈。她怀疑自己，是自己业务不行了吗？她说自己行，可怎么向剧团老师证明自己行？

她不服。

不服，怎么办？

不服，也只能在果园里数果子，看天看白云，看地看青草。也在果园里想着往事。

求学时，她是班里最小的学生。练功时，她常常头晕，老师会对千里迢迢来艺校看望的妈妈说，孩子活动量大，营养不足，身体差会影响成长的。多少年后，妈妈依然心疼地说，家里最对不起的就是小俊了，那时候，全家省吃俭用也得给小俊买麦乳精。这个没想着要生下来的孩子，从出生起就是那么坚强。

她知道自己家里条件不好，从不向家里提要求，家里给买的麦乳精，她一次只敢吃一点，一桶要吃好久。

她还记得为了节约车费，偶尔还学着逃票。我们都知道，少年的荒唐都不是过错，这里有一种隐秘的快乐，那是属于少年才有的调皮和试着突破规则的尝试。

在艺校时，她酷爱练功，对于高强度的训练，从来没觉得苦。老师的教授，她很快就得要领，她还会被老师指定去给别的同学做示范。

"我是孤雁。"杨俊这样形容那个时候年少的自己。

一只孤雁，形单影只地飞翔在黄梅戏的天空下，沾湿了的翅膀，只能自己暖干，低回的鸣叫只有自己能听到，下雨了，也只能自己给自己打伞。

这些，她都不能给家里讲，因为离开家的那一天，爸爸就说过，以后一切都只能靠自己了。

果园里阳光婆娑的树影，接纳了杨俊的痛苦和不甘，也在某种程度上对她进行了治疗。

任何事都不会一成不变，人生亦然。有高山就有低谷，有沙漠就有草原，转机还是在杨俊低迷的叹息中来到了。

就在黄梅戏风靡港澳地区的氛围中，著名导演李翰祥不断地拍摄黄梅戏或黄梅调影片，先是黄梅调《红楼梦》，后又一口气拍了《玉堂春》《凤还巢》《红娘》《杨乃武与小白菜》四部黄梅调的影片，还有《貂蝉》《梁山伯与祝英台》等。1957年，他曾在香港看过严凤英王少舫主演、石挥导演的那一版电影《天仙配》，他觉得严凤英的扮相一点儿都不漂亮，但由于演技优异、表演细腻，越看越爱看，越看越觉得美过天仙。他对黄梅戏是熟悉的，或者说，他对黄梅戏、黄梅调或者对中华戏曲是热爱的。

安徽省黄梅戏剧团正式赴香港演出时，杨俊还是那三个剧目三个小角色：《天仙配》里的三姐，《女驸马》里的小春红，《罗帕记》里的小汪锦龙。

他们到达香港的第一场演出就是《女驸马》，杨俊饰演小春红。杨俊和平时一样地演。但这次，奇迹发生了。

那天，李翰祥于晚上七点零九分到达新光剧场，当时由香港演出团团长侯甸和安徽省文化局副局长余耘作陪。后来，李翰祥在他的长篇回

● 《女驸马》（杨俊、马兰）中，李翰祥导演看中的小春红（左一）

忆录《三十年细说从头》里说到了这件事：

　　《女驸马》的舞台布景，设计得不错……前景的几条柱子不变，而将衬景略一移动，道具稍一更改就可以客厅变花园，洞房变金殿，还真是颇具巧思。饰演女驸马冯素珍的是 19 岁的马兰，由于年纪轻，当然扮相也就比严凤英秀丽得多。幕启之后的几句合唱，真是清脆悦耳。马兰在歌声中背影慢慢转正之后，紧接幕后的合唱，唱了几句闺怨，是叙事体的平词，乍听起来还真有些严凤英的味道。第二个出场的是扮演丫鬟春红的杨俊，据说只有16岁，扮相的甜美俊秀真像她的名字一样，加上口齿伶俐，动作活泼，一上场就把观众的视线全勾到她身上。倒也不是她故意抢戏，而是由于她特别打眼，既俏皮又调皮的缘故。

俏皮又调皮的杨俊吸引了李翰祥的目光。

戏散场后，杨俊正在后台卸妆，听到后台忽然像炸了锅一样，说是大导演李翰祥来后台了。她没有在意，她认为人家即使来后台，也是来找主角的，跟她没关系。

然后听到有人说："杨俊，有人找。"

正在疑惑间，就听到有人问："春红在哪？小春红在哪？"

杨俊低头嘀咕："春红，春红不就是我吗？"

这时李翰祥已经走进了化妆间。"谁是春红？"

杨俊抬起头，羞涩地说："我就是。"

李翰祥走到杨俊面前，一把将杨俊抱在怀里。在场的人都有点蒙，杨俊更是吓着了，浑身哆嗦。李翰祥看到杨俊的反应，知道自己把她吓着了，就轻轻地拍了拍杨俊的肩膀，对大家说："我是李翰祥。"

哇，李翰祥，电影大导演，大家都知道的人物。杨俊也在心里默默地感叹，继而就睁着明亮的眼睛，忐忑也渴望地望着这位黑乎乎的高高的大导演。

李翰祥看着俏皮的杨俊，轻轻地问："你想拍电影吗？"

"想啊。"杨俊不假思索地回答。

"那好，过两天你就跟我去北京。"

"去北京？去北京干什么？"杨俊心里的疑惑摆在脸上，愣愣地问。

"拍电影啊。"李翰祥笑着耐心地回答。

团里的人都把羡慕的目光投向了杨俊。杨俊羞涩地低下了头。她的内心并不像外表那么平静，心里反复回响着声音："你们老说我不行，只能跑龙套，看看，我能行吧？黄梅戏剧团甚至整个安徽省，我是第一个拍电影的人！"内心曾经有多失落，此刻就有多骄傲。

随后，李翰祥带着她和黄新德周游香港。杨俊在香港获得一种特殊的心理体验。她觉得香港那么美。

那次香港演出后，《文汇报》《大公报》等媒体纷纷赞扬，说他们安徽黄梅戏剧团是老演员"宝刀不老"，中年演员"造诣颇深"，青年演员"唱做俱佳"，黄梅戏"后继有人"。

杨俊他们这一批崭露头角的新人迅速在这样的大型演出中，成熟起来。"五朵金花"的赞誉横空出世，花香遍中国。

马兰、吴琼、袁玫、吴亚玲，还有杨俊，日后在戏曲界赫赫有名，如雷贯耳，摇曳生香。这是黄梅戏历史上，继严凤英之后出现的又一次高峰。人们把这段时期称为新时期黄梅戏的第二次高潮。

五个人，五个锋芒毕露的性格，日后上演出许多故事，让众多戏迷津津乐道，让多少媒体以挖到她们的故事为荣。

但这次演出，对杨俊的意义又是不一样的。她顶着"五朵金花"之一的赞誉，收获了李翰祥的青睐，她仿佛看见的都是鲜花，但命运总是这样啊，万里晴空总避不及阴云密布。

从香港回来，她应广州电视台导演刘炽之邀，出演了电视连续剧《飘然太白》中的杨玉环。之所以选中她，除了她的演技，竟是因为她能全篇一字不落地背诵《长恨歌》，而且就丰腴的形象和气质来说，都适合演杨贵妃。当时饰演杨贵妃，还是为那个时候很著名的石维坚配戏。石维坚主演的《天云山传奇》，全国人民都知道的。杨俊很高兴。为此，她又不顾形象去增肥，每天可劲吃，吃到吐，吐了再吃，增重几十斤之后，去和"云想衣裳花想容，春风拂槛露华浓"的贵妃相遇。她研究剧本，

● 风华正茂的五朵金花（1996年）

她看史书，她去琢磨剧中人物。在创造角色这件事上，她一直是认真的，创作和舞台是她神圣的信仰。

李翰祥兑现承诺，带着19岁的少女杨俊到达北京，准备让她在《垂帘听政》里饰演丽妃。这部电影是中央主管部门1979年就批准拍摄的，期间多番变化，一直到1982年才开拍。李翰祥为此做了充足的准备。剧组大腕云集，有刘晓庆、梁家辉等。

当时，刘晓庆、梁家辉、陈烨，还有杨俊，他们几个人的形象由此登上了《世界画报》的封面，整个安徽都轰动了。

对于这一切，杨俊兴奋得飘飘然。

一个不到19岁的少女，哪里经历过这些啊。当时的她对未来充满了憧憬，同时对即将到来的情况也毫无准备。

李翰祥看了杨俊饰演的丽妃样片之后，有点失望，这不是他想象中的丽妃，丽妃应该是清瘦的，飘飘欲仙的，杨俊有点胖。不用说导演失望，杨俊自己看到样片中的自己，都无地自容，本来就胖，从宽银幕里映出来，更胖。这一点，从事过影视工作的人都有体会，本来人被拍进镜头后，就会显得胖，显得脸宽，有的人看起来好看，却不适宜上镜头，有的人平时看起来不好看，却很适宜上镜头。李翰祥不死心，那是他亲自挑选的演员，那是他看到的活泼娇俏的小春红，如果就此不用，实在不甘。李翰祥就让杨俊再试其他角色，拍出来一看，还是胖。李翰祥不断地摇头，叹息：太可惜了。

李翰祥始终没有对制片部门说杨俊不行。但杨俊还是从其他渠道得知丽妃的角色换了别人，真是满腔热情瞬间成灰，无地自容啊！

杨俊不知道自己是怎么走回东四宾馆的，躺在宾馆的床上，泪水携带着委屈和屈辱，往外奔流。

天堂到地狱，只是一步之遥。真的只是从早上到晚上，从镜头到生活的那一步之遥。梦想、理想在一扭身之间，就成了果园里被蒸发的雾气。她不敢出门，也不想见任何人，她就在宾馆的床上，眼看着太阳升起又落下，月亮出门又回家。时间这会儿是箭是刺是刀是每一件武器，扎在心上。

这个遭遇磨去了她所有棱角，她的精神瞬间就垮了。

那么小那么小的一个女孩子，当多数孩子还在享受父母的疼爱，享受家庭的温暖之时，她却已经遭受人生重大抉择。

有一天，她去了颐和园，坐在昆明湖边，面对着柔柳碧波，她的痛从湖底下涌上来：我该怎么办啊？留在北京吧，没有亲朋好友，没有背景关系。回合肥吧，当初那么兴冲冲地离开团里，此时这样回去，别人若问起来，怎么说？什么样的说法都能猜到。

一试镜就被淘汰了，丢人现眼啊！

电影明星回来了，什么时候可以看你演的电影啊？

你们不知道吧，原来她被淘汰了才回来的。

哼，你不是离开团里了吗？连小春红也不让你演了。

人们可能会说出的这些话，像风一样，从杨俊的两耳吹进去。杨俊的脑袋像针扎一样地疼，她捂着脑袋低下头。

人言的可畏，可以打垮一个人，甚至杀掉一个人。

杨俊钻在自己的灰色情绪里，看着湖面想跳下去。在她的老家当涂，诗人李白就在采石矶边投身大江，捉月而去，挥去滚滚红尘的风云变幻，沐浴着千秋万代的无限荣光。就在她脚下这昆明湖边，也站过学者王国维的身影，王国维是为那可预知的变局而殉身。

可她不是李白，不是王国维。

站在湖边的那一刻，所有的过往都像过电影一样，一卷卷胶片迅疾地掠过。她想起那刚硬不折的父亲，想起柔软慈祥的母亲，想起给自己做了红棉袄送自己上学的大姐姐，想起无话不谈又爱又敬的哥哥，想起在自己背上度过几个春秋的小姐姐。如果她走了，谁来替她孝敬父母？谁来偿还大姐姐的爱？谁来代替小姐姐走天下看世界？想啊想，她犹豫了。那许多的爱都还没来得及付出，许多的孝还没有去尽。她不能走。

看着湖水中的倒影，看着自己映在湖水里的并不清晰的脸庞，看着周围走过的年轻男女，她的求生欲上来了。只要内心选择生，就会有一重一重的婉转。一个小念头在这个思维的空隙间跑出来。她在想，李翰祥导演否定的只是我上镜的形象，那他当初把我从众人中挑出来，不是因为我有演技吗？演戏不是要看重演技吗？可傍身的主要成分并没有丢失啊。胖，我可以减肥，这是可以轻易达成的目标啊！想通了，杨俊就在泪水中笑了。

她决定：我不回合肥，我只要瘦了，我就有机会。又是从地狱一步

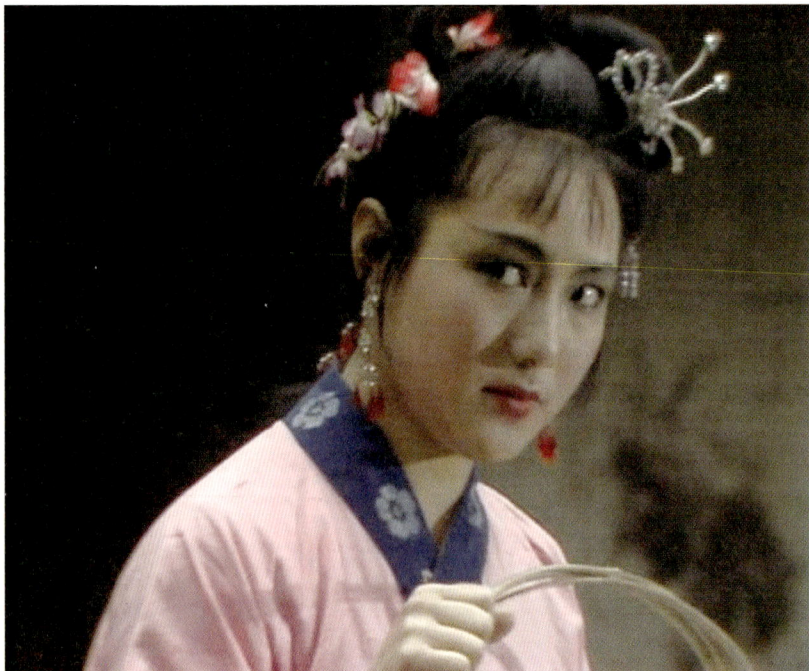

● 在《西游记》里饰演白骨精幻化的村姑

到天堂。这一步，不是外界给予的，而是小杨俊自己走过来的，她用不符合自己年龄的成熟和坚强，踏过了这一步。

她给自己在风雨里打伞。

杨俊家里，有许多她的照片，一帧帧的，从小到大，可以看到她的成长。杨俊妈妈说，他们知道这段经历，那时候担心极了，生怕她想不开，但又不敢问。说着说着，妈妈就哭了。

煎熬、等待、苦楚、失望、难过、悲伤，她经历了所有的情绪转折，但她又不想或不能、不愿放弃，她不甘心啊，于是她选择留在北京，寻求拓展的机会。

天无绝人之路，终于在 9 个月后，她等来了《西游记》剧组的召唤。

杨洁导演看过她的戏，就是赴港前在北京的演出，那时候她的三个剧目都看过。杨洁导演说过，这个演员，一定要用一次，于是就选中了她来演白骨精幻化的村姑。她喜欢《西游记》这个大家庭，这里有许多戏曲演员，如师徒四人中的六小龄童、马德华，还有杨春霞、左大玢、赵丽蓉、高玉倩等。杨洁导演是有慧眼的，选角色一定是演员与角色精神上的贴近，所以，时隔多少年，这一版的《西游记》都让人百看不厌。杨洁导演把戏曲演员用了个遍，杨俊觉得这里像自己的家。她终于找到了重生的感觉，她的希望她的梦想都在"白骨精"身上重生。后来，白

● 与杨洁导演一起

骨精被现代人赋予新的意义：白领、骨干、精英，这也成为杨俊的人生写照。

她终生都感激杨洁导演。2017年4月，杨洁导演离世后，她在朋友圈写下这样的话：在我事业最低谷，是她把我从尘埃中拉了起来，让我找到了自信，没有丢掉自己。祈愿杨洁导演一路走好。

是这一版每年都会播出的经典电视剧，让全国人民都知道了杨俊。远比她演黄梅戏更出名。

是这一版的电视剧，留住了当初的影像，我们看到那个村姑，看到喜悦的、狠厉的、调皮的、勾引的各种眼神，我们就知道她多么会演戏。

也是这一版的电视剧，为她带来了更加广阔的机遇，她找到了另一片天空。

后来，她开始减肥，一直瘦到今天。

那一年，《红楼梦》剧组也选中了她饰演平儿一角，只是因为她和袁玫只能有一个人离开团里，那时袁玫去了，她又错失了一个机会。

她总结这一段，认为这一段经历对于她极其重要，上过高山，跌落过低谷，这样的飞升或降落，磨砺了她也锻造了她。她感激每一个让她成长的人。而成长的过程就是要经历阵痛的。

她真诚地说，有这样的磨砺，要承认是自己没准备好，虽然有了影视经历，自己对表演还是储备不够的，只是模仿，而未成为自己，还在偶然王国里打转，未找到自己艺术的必然王国。

她说，人真的不能怨天怨地，只应该怨自己，但凡不如意，一定是自己没有准备好，而许多事是需要天时地利人和的。

这几年光阴，和《天仙配》一样，天上一脚，地下一脚，忽然甜蜜，忽然冷酷，忽然晴空万里，忽然雷霆闪电，聚也有，散也有，真是在仙凡之间历练。

有痛苦也是好的，证明我们活着。

电视剧之后，漂泊的杨俊渐渐地又找回了自信。

那个年代的人还是很看重自己的金饭碗的，没有戏拍的日子，也不能天天在外漂着。总是得回去，尽管，心已野，也得遵从规则，回到自己的单位去，做一个公家人。即使痛苦，也得回。每个时代都有自己的定势，那时还不能想象，到了今天，公职已不是唯一的选择，人们可以有无数个人生走向。

回单位的日子还是一如既往，演演小角色，跑跑龙套。但此刻的杨俊，已不是躺在果园数果子的杨俊，她内心里的小野兽已经被《西游记》牵跑了，《西游记》就是降妖伏魔的。她经过那种天上地下的穿梭和折磨，内心已变得强大很多。

她相信，配角也有光彩，命运之神随时都会扑扇着翅膀飞过来。

在等待的日子里，回忆过往，她清楚地知道，几个电影电视剧的导演都是看了她的表演才决定和她合作的，一年之中，她迎来了这么多次机会，正是因为舞台。悟到这里，就像阴暗天空那一瞬间的闪电，"哗"的一下照亮了她的身心内外，她感知了从里到外的通透，她明白，她的根还是舞台。

这个时候，她非常清晰而准确地探知自己的根在哪里。

其实，人生每一步路都不白费，杨俊因为影视经历，等来了自己的《孟姜女》。

20 世纪 80 年代，把戏曲搬进电影，是时尚，几乎所有的好戏都拍成了电影。中央新闻纪录电影制片厂要拍《孟姜女》，导演在安徽选演员，选中了杨俊。外形、气质、精神、表演经验、与角色的贴合度，杨俊都是合适的。

为什么会选中她呢？很多人都会问。《戏苑百家》里，白燕升代替观众问出这个问题。

● 杨俊、白燕升合影

那时导演去团里选演员，大家都是要做小品的，杨俊不。她不想参与这样的竞争，她愿意选择孤独，也因为她已经有从事影视的经验，她内心的小骄傲就冒头了，你们愿意用就用，不愿意用便不用。杨俊说自己那时候还是有点盲目自信。导演说她，你不做小品，怎么能证明你能行呢？她说，我就是行，我有笔记，我把所有的表演心得都写进笔记了，你可以看笔记。

最后，虽有波折，还是选定了她。

可是一试唱，导演有点不满意，想让她的同学吴琼配唱，杨俊也认为这样很好。吴琼是舞台剧《孟姜女》的主演，一向又以唱功见长，导演的要求合乎情理，那时候拍出的戏曲电影经常有甲演乙唱的情况。但这样的合作对杨俊和吴琼来说，却是挑战，她们有自己的标准和艺术追求，她们也看重彼此的友谊。

吴琼支持杨俊自己唱，吴琼找出自己舞台剧里的录音带全部给了杨俊。后来，吴琼把这段经历写进了自传里，吴琼说："我觉得这次要咸鱼翻身了呢，谁知道还不是。杨俊来找我，我不配唱，但我支持杨俊自己唱，有什么事可以来找我。我们的友谊经受住了考验，我们依然是好朋友。"

　　那一刻，杨俊想起了她们的过往。她们同时到安徽省艺术学校求学，她们在宿舍里住上下铺。小小的她，和住在上铺的小小的吴琼，用现在的话就是"相爱相杀"。她们有过快乐，把平时攒起来的钱凑在一起，去吃她们向往已久的小笼包，那个时候的小笼包，不仅仅有香味，还有她们一筷子一筷子地夹起来，一小口一小口地咽下去，又相互对视着吃的那种满足和开心。她们也闹过矛盾，杨俊不让吴琼踩

● 杨俊、张辉版黄梅戏电影《孟姜女》（1986年）

她的下铺下来，总觉得自己铺好的床被不能被踩坏，两个人免不了争执。其实，争执的原因是什么呢，很多年过去，想都想不起来了，可那时年少，就是互不相让。她们在成绩上飙劲，互不服输。就连在练功这一事上，都要拧着劲，谁要是去练功不喊对方，对方绝对会埋怨，她们都怕对方超过自己。杨俊总是给上铺的吴琼写字条，说她的不满，说她的生气。杨俊说，这也因此养成了她用字条和人交流的习惯。她们的相爱相杀，结果就是以并列第一名的成绩毕业，双双进入安徽省黄梅戏剧团。

那时候的时光，想来多么美啊，多么让人留恋啊。怀揣着这种感动，不擅表达的杨俊暗暗地记下这样的友谊，如果有机会，一定以友谊相还。两个个性如此之强的人，竟也一直维持着友谊，并把对黄梅戏的热爱坚持到最后，真是难得。

人是需要朋友，也需要对手的，不然，江湖多么寂寞。

多年后，杨俊参加《伶人王中王》的比赛，吴琼知道后，赶到现场去声援，节目里讲到了这个细节，大家都被这样的故事温暖着。人世间，同性的爱，也是必需的和美好的，犹如一道光亮，能照亮彼此，也照亮周围的世界。

吴琼支持杨俊自己唱，杨俊自己行不行呢？

《孟姜女》的作曲时白林①给了杨俊27天去练唱。

机会来了，但是怎么下手，杨俊还在踌躇中。

这时，时应远②说："把杨俊交给我，给我二十天，我让她唱好。"众人不相信，为这两人捏了一把汗。

---

① 黄梅戏《天仙配》《女驸马》的作曲之一，在黄梅戏音乐的风格建立和规范化方面做出了卓越贡献。

② 安徽省黄梅戏剧团著名的二胡演奏家。

时应远对其他人说："杨俊不是唱不好，是因为脱离舞台的时间太久了，近几年都搞影视去了，嗓子生涩，不灵动，当然唱得不好听，我们都知道应该曲不离口，你问杨俊这两年她练过唱没有？"

时应远老师说出了问题的实质，这也是杨俊必须面临的对自己的拷问和挑战，作为戏曲演员，要回归舞台，唱念做打，唱排第一，必须拿下"唱"这个关键才能不负众望。

已经两年没开口唱的杨俊，虚心地静心地接受时应远老师对她的调教，她在心里发狠，起早贪黑地练唱，不要命地练唱。二十多天后，杨俊一开口，导演和作曲时白林相视一笑，频频点头。导演满意了，时白林满意了，当下决定，《孟姜女》电影就由杨俊演，杨俊唱。

杨俊做到了，自己演，自己唱，做了一回自己人生的大主角。由此，杨俊感激时应远老师，那是自己声腔上的引领者。杨俊也感激时白林老师慧眼给了她机会。

几十年后，杨俊在朋友圈写下这样的话：当年如果不是时白林老师首肯让我唱他的黄梅戏《孟姜女》，我现在在哪，还干没干这行都不知道呢，感恩时老对我的培养，感谢那一口人参水对我的救治。

一口人参水是咋回事？

关于这个问题，杨俊说，当时她演唱晕倒了，之所以这样，是来自于压力，来自多日来没日没夜地练唱，在录音棚录到最关键的《哭城》一段时，这个自有黄梅戏以来少见的难度极大（两个高八度）的唱段，唱了一遍又一遍，那时候录音不是分轨，是同步录音，需要全体人员配合，有一点点差错就得从头来（不论是谁的差错，都得全体从头来），一遍遍地练唱，尤其是唱到《哭城》那一段时，唱着唱着，终于体力不支，唱晕了过去。大家手忙脚乱不知道怎么办，是时白林老师拿出了珍藏的人参，泡水灌给她，才让她缓过来。

我们在她从艺四十周年庆典时，听到了她很美的唱腔，可哪知道她

曾经为此付出的是怎样的艰辛！

命运也是看人去锻造时运的，你强势，拿命去换，它就会示弱，所以命运是一道哲学命题，只有强者才能立于不败之地。

《孟姜女》电影拍成后在全国播放，深受观众喜爱。影片曾经送到新加坡参加影展，也获好评。杨俊凭借这个电影锋芒初露，声名远播，从此奠定了她在黄梅戏中的艺术地位。

杨俊说，《孟姜女》是一部"招魂"的戏，她不仅仅是自信回来了，她的奋斗、她的信念、她的爱，都回来了。那个曾经活着没有戏演就像"死去"的人真正地活了，心魂都活了，她漂泊的心不再漂泊，她未曾落地的脚真正落地了。那些日子，她感觉到，这辈子能碰到《孟姜女》，真不枉人世走了这么一遭。

在此之前，她的人生伸出多个枝杈，却在《孟姜女》这里归为一点。《孟姜女》就相当于杨俊人生的里程碑。

通过这部戏，她奠定了自己的表演风格，那就是美和真情。

如果说，艺校的五年，是黄梅戏滋养了她，她所经历的苦难都是为黄梅戏准备的，这部电影就是安顿她灵魂的，她被"招魂"，回归黄梅戏。

最初的选择决定了一生的道路。而更大的转折，还在后面。

艺之盛

—— 江城五月落梅花

天时地利人和，才情繁衍出茂盛

李白《江夏赠韦南陵冰》诗里有这样一句："我且为君捶碎黄鹤楼，君亦为吾倒却鹦鹉洲。"

在这黄鹤楼与鹦鹉洲的文学意象中，艺术也乘着东风，花开满树。

在湖北，荆楚文化的千古之魅，千年的戏曲艺术将要滋养出一分钟灵毓秀。

杨俊是安徽人，怎么从安徽来到湖北的呢？又是怎么在湖北安身立命？

这要从头说起。

1.把黄梅戏请回娘家，寻找金花

　　《西游记》剧组给了杨俊重生的感觉。她喜欢这个剧组。那时候流行走穴，《西游记》热播后，剧组就到全国各地去演出，杨俊条件好，长相漂亮，嗓音好，会主持，会演会说会唱，剧组离不了她。

　　那个时候，她掘到了人生的第一桶金。

　　她说，坐在宾馆里数钱的感觉太爽了。这样的爽，让她暂时忘记了黄梅戏，却实现了她小时候立下的志愿：她要改变家里的生活。有了钱，她给家里购买了家用电器，冰箱、电视、洗衣机都买了。她家里的配备在当涂那时都是最好的。

　　她跟着剧组踏遍大江南北。

　　这一天，《西游记》剧组来到了黄冈。

　　这一天一定是冥冥中的定数，是杨俊的命册上早已写好的轨迹。

　　这一天，是 1988 年 7 月的一天。

　　盛夏。

　　黄州电影院。

　　杨俊正在后台候场，有人找过来。

"请问一下，杨俊同志在吗？"

杨俊抬眼，微笑，自豪地脆生生地说："我就是。"

对方愣了："你是杨俊？"

杨俊笑，心里也有点纳闷："我就是杨俊呀！"

"村姑？"

"您看过《西游记》？"

"孟姜女？"

"您还看过电影《孟姜女》？"

"金花！"

杨俊虽然不知道对方来意，但看到对方能说出自己的角色，有点疑惑也有点小喜悦，她耐心地与对方一问一答："您还查过我的档案？"

"你可是千呼万唤始出来呀！"

杨俊俏皮而又羞怯地跟了一句："我可没有犹抱琵琶半遮面哟。"

对方打量杨俊半天，没有言语。杨俊便问："请问，您是？"

对方回过神来，笑着说："我姓章。"

杨俊马上反应过来："啊，您是章局长吧？"

"我是章华荣。"

这个画面很有喜感，这是杨俊第一次见到章华荣先生，见到这位值得她尊敬一辈子的老局长。这一次相遇，奠定了他们一辈子的师友情。

章华荣先生是在出差回来的路上，见到城里有宣传画，上面写着《西游记》剧组来黄州演出"，这才知道杨俊来到了黄冈。他回家放下东西，简单地洗漱用饭，就马不停蹄地赶到电影院去找杨俊。

杨俊激动地说："章局长，我是早也盼，晚也盼，盼能早一天见到您，今天见到了您，真高兴！"

之所以有这样的对话，是因为在此之前，他们就有了联系。

那么，章华荣先生是谁？他为什么要寻找杨俊呢？他们又怎么有了联系呢？

1983年7月，时任湖北省委书记的关广富在黄梅县龙感湖段的百里长堤上视察汛情，陪同视察的有黄冈地区和黄梅、广济两县的领导，关书记听了汇报，望着百里长堤内的龙感湖，严肃地说："湖北是黄梅戏的娘家，我们一定要把黄梅戏请回来。"

这是第一次提出来。

1985年11月，关书记到黄冈检查指导工作，对地委行署领导说："黄冈地区要抓好有特色的两件事，一是以李时珍为代表的四大医学家的研究，二是把黄梅戏请回来。"

这是第二次提出来。

1986年春节，关书记在黄梅县视察工作时，再次讲："黄冈要把黄梅戏请回来，请回来的要求，就是高质量引进人才，发展湖北的黄梅戏，这是你黄冈的特点，搞好了，别人是代替不了的。"

他还在其他场合说到，把黄梅戏请回老家，有以下几个理由：第一，我省现有的黄梅戏剧团是有基础的，要提个口号和奋斗目标，激励大家共同努力。第二，黄梅戏适应性强，已走向全国，不仅有基础，有观众，而且有前途。第三，黄梅戏发源于湖北，过去因为逃荒流向安徽，现在应该把它请回来，在湖北这块古老的土地上发扬光大。第四，整个湖北要形成一个繁荣文艺、百花齐放的格局，如黄冈的黄梅戏，孝感的楚剧，荆州的天沔花鼓，襄阳的豫剧，鄂西的南剧，咸宁的采茶戏，宜昌的歌舞，武汉的京汉楚剧及歌舞等，这样各展其长，相得益彰。第五，从组织抓法上看，一个地区要有一个特色，我们先抓黄冈的黄梅戏。人民温饱问题的解决，必然带来对精神文明更高的要求。因此，我们的戏剧、文艺，必须满足人民的要求，发展湖北的黄梅戏，正是基于这一点提出的，这是时代发展的需要。

这年 3 月，湖北省委常委办公会上，关书记重申，湖北是黄梅戏的故乡，要采取得力措施，把黄梅戏请回来。这一意见写进了《省委常委办公会议纪要》。

这年 5 月，湖北省文化厅向省委呈报了《关于落实省委常委会议发展我省黄梅戏意见的报告》，报告中提出了十条具体措施，两个亟待解决的问题和四点建议。省委立即批转了这个报告，决定每年拨专款十万元，作为发展湖北黄梅戏的补助经费，批准成立黄冈地区艺术学校，培养黄梅戏人才。黄冈地委专门研究了这些具体措施。一时间，在湖北，从省里到地方，从机关到厂矿，从城镇到山乡，把黄梅戏请回娘家，成为人们广为传颂的话题。

万事俱备，杨俊的命运因此而改变。

黄梅戏在湖北迎来这样的机遇，是社会大环境所致。20 世纪 80 年代，是戏曲自民国之后的又一个黄金时期，全国都在抓。而湖北也有关广富这样能下一盘棋的领导。回顾过去，哪个省的领导有戏曲的概念，哪个省的地方戏就产生过人才、经历过辉煌。人，是脱离不开社会大环境的，时代洪流滚滚向前，可以造就英雄，也可以让人默默无闻，关键要看在那个节点上，一个人做了什么样的准备。

这是属于杨俊的机遇。

请黄梅戏回娘家，湖北没有黄梅戏吗？很多读者问过。

湖北是有的。最起码，黄梅县还有个黄梅戏剧团。那么，为什么还要"请黄梅戏回娘家"呢？

从章华荣先生的《黄梅戏回娘家》一书得知：1986 年 3 月，"要采取得力措施把黄梅戏请回来"被写进《省委常委办公会议纪要》。1987 年 10 月，在黄冈地区文化局召开的一次会议上，时任文化局局长的徐长松表示：

省委省政府提出"把黄梅戏请回娘家",什么叫作请回娘家？按照省文化厅厅长徐春林的说法就是，要出一至两台在全国打得响的精品剧目，出两三个在全国叫得响的知名演员。为了这个目标，这几年，我们重点抓了三项工作。一是抓重点剧目的提高，经过修改提高的两部戏参加省里调演都得到一致好评。二是为了建立培养湖北黄梅戏艺术人才的基地，我们毅然决然地将原地区汉剧团改建成地区艺术学校，开设了四年制的黄梅戏中专班，并从两万多名考生中，通过层层筛选，录取了二十名黄梅戏学生，从安徽省黄梅戏剧团、安庆市黄梅戏艺术学校、省艺校和省京剧团请来了一批有丰富教学经验的教师，这二十名学生中将会产生湖北黄梅戏的未来之星。三是形成全省性发展黄梅戏的格局，我省的专业黄梅戏剧团已由3个发展到8个，全省性的黄梅戏发展格局已经形成。待条件成熟，我们还要举办全省性的黄梅戏艺术节和湖北黄梅戏研讨会。实现把黄梅戏请回娘家，走向全国，走向世界的宏伟目标，这几年我们做了许多艰苦卓绝的工作，出了成果，见了成效，现在是到了要把这些成果亮出去的时候了。

湖北要把黄梅戏请回娘家，并不是说湖北没有黄梅戏，而是说就黄梅戏的规模和影响来说，湖北黄梅戏的地位并不高，请回娘家，就是要打造黄梅戏高地，要与黄梅重镇安徽有并驾齐驱或者超越的架势，而不是一提黄梅戏，人们只知道安徽。要把湖北是黄梅戏娘家这个事实喊得响，更要名副其实。

1988年1月，黄冈精心抓出的黄梅戏《於老四和张二女》《银锁怨》两台戏进京，先后在北京军区礼堂、中南海、人民大会堂等地演出，引起强烈反响，实现了他们的第一个目标。

第二个目标，要在全国有两三个叫得响的知名演员。

因为这个目标，湖北开始了寻找金花之旅，杨俊从雾里看花一样的命运中显现出来。

在此之前，中共黄冈地委宣传部和黄冈地区文化局联合向地委、行署写了《关于将地区歌舞团改成地区黄梅戏剧团的请求报告》，地委、行署很快批转了这个报告。黄冈地区黄梅戏剧团正式成立。时任文化局副局长的章华荣被指定专门负责黄梅戏回娘家这件事的落实。

黄冈黄梅戏剧团成立伊始，章华荣便吩咐了两件事，一是收集资料，二是物色人才。他派人到安庆、合肥去，搜集黄梅戏的曲谱、剧本、录音带、录像带等资料，同时打听、查访、物色演员。

派出的人给他拿回来一张照片，照片上是一个白白胖胖的小姑娘，那就是1982年的杨俊。后来杨俊得知，去寻访她的人叫陈祖旺，是原黄冈歌舞团乐队队长。陈祖旺通过安徽黄梅戏剧团乐队的夏英陶、解正涛找到了许自友，许自友是严凤英的亲传弟子，陈祖旺从许自友手里拿到了杨俊的照片。有心的观众一定能知道，这位许自友和他的爱人丁紫旺曾一起出现在电影《孟姜女》里，他们扮演的是孟姜女的父母。

章华荣看到杨俊的照片，开始去查找杨俊的信息，他给安徽的朋友写信、打电话，知道了杨俊是五朵金花之一，也知道杨俊拍过电影《孟姜女》，甚至为了拍好《孟姜女》拼了命地去练唱，还知道她拍过电视剧《西游记》，知道她的所有经历。同时也就知道了她在五朵金花里是比较优秀的，因为演不上主角，不甘心，想出来闯闯，到底去哪里发展她自己也不清楚。当时得到这样的信息，章华荣就感觉她肯定不错。汇总得到的信息，章华荣认定杨俊形象好、身材好、唱演俱佳，听说人品也好，这坚定了他把杨俊找来的决心。

章华荣看到杨俊很高兴，对她说："我不仅高兴，而且惊喜。"

之前章华荣看到的是杨俊白白胖胖时的照片，此刻他眼里的杨俊，上身穿着米黄色的棉布圆领短袖衬衫，下身穿着绿色西装短裤，脚上穿

● 杨俊和慧眼识珠的章华荣

着一双白色的皮凉鞋。两条又黑又亮的半拉辫子盘在后脑上，清秀的脸庞，苗条的身材。真是恨不得搜肠刮肚，把所有美好的词都用在杨俊身上。

未见真人前，章华荣曾在心里嘀咕过，照片上那么胖，那要一结婚生娃，还不知胖成什么样。看到杨俊此刻的样子，他彻底放心了。这当然是惊喜。

杨俊对这个惊喜却不知所谓，她问："惊喜，什么惊喜？"

章华荣半开玩笑地说："我认得照片上的杨俊，是个长得很丰满的姑娘。"

杨俊马上就明白了，说："不是丰满，是胖，广东电视台拍电视连续剧《飘然太白》，导演要我演杨玉环。别的姑娘为了保持苗条的身材，都在拼命地减肥，而我为了角色的需要，却得拼命地吃。您看到的照片，就是那个时候拍的，丑死了。"

"不丑，不丑，环肥燕瘦，各擅其美嘛。"章华荣知道，环肥燕瘦，历史自有渊源。

后来，在山东卫视的《金声玉振》节目中，章华荣谈到当年的心情说："姣好的脸型，姣好的身材，怎能不惊喜？"

那天的演出，是杨俊报幕。舞台上的杨俊，穿一身无袖的洁白缎面绣花旗袍，脸上化淡妆，头上插着一朵玉兰花，既有东方的含蓄典雅，又有现代的睿智洒脱，更让章华荣倍感欣悦。

事后，王冠亚①先生对章华荣说："一个剧种，一个剧团，好演员是关键人物，一年能出一个状元，十年出不了一个好演员。"章华荣认可王冠亚先生说的话，后来事实又证明了这样的道理。章华荣认为他当副局长（后来任湖北省黄梅戏剧团团长）期间，能遇上这样一位充满灵气、又有智慧、浑身都是魅力的好演员，非常值得庆幸。

《西游记》剧组的演出很成功。黄冈的观众记住了这个机灵又漂亮的杨俊。

第二天，章华荣和黄冈地委宣传部副部长丁永淮一起去宾馆看望杨俊。两个大男人，两个大干部，非常有"预谋"地带着杨俊去黄冈黄梅戏剧团去"踩点"。他们给杨俊介绍正在施工的宿舍楼，又带她去艺校看那提前培养的二十个孩子（也就是徐长松局长讲话中提到的人才储备）。他们"预谋"用正在进行中的黄梅远景打动杨俊，用章华荣的话说，就是让她看到砌筑的凤凰巢，好引得她这只凤凰来。杨俊分明看到了一

---

① 严凤英的爱人，著名剧作家。

点希望，但又看不真切，在没有进行到实际的谈判之时，她不会随便表态，只是带了一双眼睛来看，带了一个脑袋来想。

离开黄冈之前，章华荣找杨俊谈话，他们谈了很久，大部分时候是章华荣在说，杨俊在听。章华荣讲到省委省政府的决策，讲到省文化厅的决心，讲到黄冈地区的措施，讲到湖北黄梅戏的蓝图，讲到欣欣向荣的基础工程建设。章华荣先生那一刻内心一定是澎湃的，他希望自己能一语定鼎，把杨俊就这样留下，那他所有的努力就没有白费。他也知道杨俊不会一下子表态，但还是真诚地竭尽所能地把期待留给了即将离开黄冈的杨俊。

杨俊走后，章华荣的心是忐忑的。杨俊早年成名，"五朵金花"谁人不识？等闲识得"村姑"面，哭倒长城非闲谈，容颜娇美石榴裙，天下谁人不识君？这样的多年难遇的戏曲人才，她会从安徽省城放弃优越的条件，来到黄冈这个并不耀眼的地区，落脚到百废待兴的黄梅戏剧团吗？

章华荣又是自信的，他相信自己的眼光和判断，杨俊名播天下，有富豪请她出国，她不去；名企请她做部门经理，她不去；电视台请她去做主持人，她不去。这些去处的条件都是优厚的，或有名或有利，她却放弃了，她在等什么？章华荣相信，她是在等让她一生栖身的舞台，等可以让她把所有的能量和才华都璀璨释放出来的灯光。黄冈没有丰厚的名利可以给她，但黄冈有未来，一个可以期许的、也许要经过艰苦奋斗的、却是属于杨俊自己的舞台，她不用再屈从于谁谁谁之下，她不用再感叹自己虽然早已用实力证明了自己，却得在舞台之外黯然等待。

忐忑又自信，章华荣在等待，等待的时光总是那么漫长，也许算不上煎熬，也还是有点心在半空，坐卧不安。

仅仅半个月后，一封来信送到章华荣手上，是杨俊的信。章华荣急不可待地拆开信件。

　　杨俊的信没有丝毫粉饰，很直接很简单地表明自己的意思：黄冈之行得到了您的热情接待，使我十分感动！尤使我感动的是湖北省委、省文化厅及贵地区文化局对引进人才的高度重视及发展黄梅戏的远景规划，使被称为黄梅戏新秀的我，愿为发展湖北的黄梅戏贡献绵薄之力。

　　后来，杨俊说，章华荣把那个前途说得无限光明，他们年轻，胆大，无知无畏，也就答应了。

　　古话早就说好，树挪死人挪活，既然江南为橘江北为枳，自己为何不挪动一下，到另一个地方去，成为另一品种生长？辛苦肯定会有的，生在贫苦家庭的孩子，谁会怕吃苦？苦尽，才能甘来！人生无非是两个字——"折腾"，折腾够了，该来的就会来，不来的也不后悔。

她一直觉得有个远方是为她准备的，父亲交与的"自由的根"还在，那么，剩下的就是选择了。选择也很简单，哪儿叫就去哪，哪儿的灯光能照到自己，就去哪。

走，义无反顾。

但怎么走，还要有个章程。

杨俊的来信还对章华荣提了几点要求，既然要来，要堂堂正正挺胸抬头理直气壮地来，除了远景，还要有几点物质和条款上的保障，这样才能无后顾之忧：去黄冈，我准备先行一步，在此之前，希望有几件事得到落实。一是我的职称（二级演员）能得到肯定的答复，二是尽快成立湖北省黄梅戏剧团，这是为了吸引更多的人才，更好地与安徽平等竞争。

杨俊的情况以及她的要求，章华荣如实向领导汇报。黄冈地委书记杨祖炎认为杨俊要求并不高。省文化厅厅长徐春林说，黄冈成立的黄梅戏剧团就是省级团，但由黄冈代管，双重领导。地区科干局领导表态，杨俊的职称指标，随时来随时解决。

章华荣把这些情况写成长信，寄回给杨俊，除了领导们的批示，还多加了一条，刚刚兴建的、杨俊看过的宿舍楼即将完工，其中有一套是给杨俊专门准备的。有了房子就有了家，有了家就有了归属感，有了归宿心就不再漂泊，心不再漂泊，人就不会再走了。章华荣深谙人情世故，他希望这些能真正留住这朵"金花"。

章华荣不希望杨俊是孤单的，也是为了湖北黄梅戏的未来，他还对杨俊苦口婆心、耐心细致、推心置腹：

艺术是没有国界、省界的，作为黄梅戏，更应该破除门户之见，相互切磋，相互补充，扎根更广阔的沃土，才能更加枝繁叶茂。去年春节前夕，我向关书记汇报黄梅戏的发展问题时说，湖北与安徽相比，有两个优势，两个弱势。两个优势：一是剧本创作力量比较强，湖北是个出戏的地方；二是导演力量比较强，有余笑予这样全国著名的大导演。文化部的领导说，湖北已经形成了鄂派戏剧。两个弱势：一是演员，特别是尖子演员比安徽差，没有像杨俊和马兰那样冒尖的演员；二是作曲力量差。关书记很同意我的看法。我之所以和你说这些，其目的，就是希望你从安徽那边多物色一些优秀人才进来，比如说和你配戏的搭档，尤其是小生，比如说主胡，比如说琵琶，比如说你的朋友，若能跟你一道来，为你配戏、伴戏，那就太棒了，我们负责安排他们的一切。

信写得多么真挚啊，能感觉到章华荣是位谋略家，是事业型的政治家，他先说艺术是没有界别的，给别人出走一个充分的理由，再说湖北的整体情况他是给关书记汇报了的，像杨俊这样冒尖的演员是受省委省政府重视的，会在剧本和导演两个方面给予保证。又真诚地把缺点坦诚相告，既而又说，你尽可以奔我们的弱项而来，我们不开空头支票，还要给你安排一切。有理有据、有疏有紧、有强有弱。谁看到这样的信不会动心呢？何况是正在寻求未来的杨俊。

当章华荣问到不能调动时怎么办，杨俊向章华荣表示："只要你们挺得住，实在没有办法，办不了调动的话，我就辞职。"杨俊给了章华荣先生一个非常斩钉截铁的回答。

湖北方面为发展黄梅戏引进人才的做法，虽然事隔三十多年，还是让今人感佩的。现在的各大城市正在多方出台吸引人才的政策，筑巢引凤，高薪聘请，八仙过海，各显神通，人才流动经过多年的时代变化，这才成为现象，金饭碗、公家人、体制内，都不再是唯一且重要的选择。可湖北在三十多年前就实现了这样的政策，他们的前瞻性让人惊叹，而且这样的政策还是为了戏曲的。这种决策于我们今天的戏曲发展也尤为重要。

看到这样的信，杨俊左思右想，向章华荣推荐了自己的同学张辉。

张辉是梨园世家，他母亲是皖南花鼓戏剧团演员，父亲是花鼓戏剧团舞台技师，他从小浸润在艺术氛围中。和杨俊他们一起考进艺校后，先习小生，倒仓后学武生，后拜师王少舫得到了真传。电影《孟姜女》拍摄时，张辉便和杨俊搭档，饰演孟姜女丈夫范杞良。张辉文武兼备、扮相漂亮，是不可多得的黄梅戏小生演员。

对于张辉的情况，章华荣非常满意。

杨俊离开的时候，合肥下着小雨，杨俊的心情是雾蒙蒙、湿哒哒的。挨到深夜，她终于将豆腐块一般大的辞职信塞到领导办公室门缝里。那个时候，杨俊并不知道这个离开是不是奔向他们想要的光明。章华荣是带着车来的，但他没有想到，杨俊和张辉的行李加起来就那么一点点，他们带去的车只装了一个角。章华荣眼眶红了：一定要加倍对这两个演员好。

1989年1月8日，章华荣带着王冠亚、许自友、黎式恒、张辉等人返回黄冈。1月9日，杨俊结束咸阳的演出直趋黄冈。他们在黄冈会合，聚成强大合力，这几个人将为湖北黄梅戏做出自己的贡献。

1月16日，由中共黄冈地委宣传部、黄冈地区文化局、湖北电视台联合录制的春节文艺晚会《故园黄梅喜迎春》在黄州赤壁影剧院的候影大厅隆重开机。演出人员除了"挖"过来的杨俊、张辉，还有他们培养的艺校黄梅戏班的优秀学员，王冠亚、许自友作为特邀嘉宾出席晚会。杨俊、张辉出演《夫妻观灯》，他们一出场，观众纷纷夸赞他们"光彩照人"，是一对"金童玉女"。

杨俊的不辞而别，在安徽引起轩然大波。那时候还没有改革文艺院团的说法，她的行为被称为"孔雀东南飞"，甚至她被安徽方面有些人称为"叛徒""不肖子孙"。对她褒贬不一的说法，当然也只留在安徽，而在湖北的她，已开启了另一个征程。当时，安徽方面便有领导和观众希望她能"凤还巢"（剧名），多年后，依然有很多人希望她"凤还巢"，这样持久的现象，充分说明了杨俊的价值。

事后，杨俊说，当时的决定还是挺冒险的。对于她为什么离开，安徽方面说法不一。五朵金花挤压在一个地方，彼此限制了发展，杨俊说得很诚恳，宝塔只有一个尖啊，那是没办法的事。那时候，她的心里涌动着渴望，有一股子急迫感在催逼着自己，觉得自己应该有发展空间，也相信自己的能力，只要给自己一亩三分地，绝对能撑起一片天。机会来了，一定得把握住，根本没考虑要去的是什么地方，没想过地域和发展的辩证关系。只是当时没有去省会发展，心里还是存了一点小遗憾的。

这一走，就是半辈子。

15 年前离开家，那是离开生命的本源。

这次离开安徽，是离开自己生命和文化的双重本源。

2.舞台剧影视剧花开几朵

当初来湖北的时候，杨俊曾经提出要成立湖北省黄梅戏剧团。她来了以后，成立省团这件事一直在紧锣密鼓地推进。

杨俊口中和其他人笔下的章华荣，是个特别值得一说的人，著名作家刘醒龙在《黄梅戏回娘家》的序里这样评价：

> 当时他（章华荣）是黄冈创作室主任，在我这样的青年工人面前，如此名头已是足够权威。后来相关部门决定成立湖北省黄梅戏剧团，其时传统戏曲正日渐趋于低谷，无从知道，那些决策者在选择章华荣先生领衔创业时，是否注意到他身上以苦为乐历久弥坚的珍贵品质，只能说，当初对章华荣先生的选择，是黄梅戏艺术发展过程中不太大，但也绝不可以嫌小的一种幸运。章先生有足以成为优秀作家的才华，在我的记忆中，从熟识到陌生的章先生，实在是将人生最成熟的岁月呈献给了黄梅戏艺术。

一个有才华的作家，选择了戏曲，是戏曲的幸运，也是章华荣自己的幸运。而更让人钦佩的是，他能舍得下面子，受得了辛苦，一个一个去安徽找人，不怕对方的冷眼相对，不怕别人的言语讽刺，只做身前事，不顾身后名。

多少年后，章华荣先生非常自豪地说："我在安徽名声可不好，我是挖人墙脚的人。"说这句话时，他的眼笑得眯成一条缝儿。

1989 年 8 月 28 日，湖北省黄梅戏剧团在黄州挂牌成立。自此，杨俊在湖北有了安身立命的"家"，实现了她当初的愿望。

当初杨俊提出要成立省级剧团，大多人不是太明白其间的利害关系，这就要说到章华荣和时任黄冈文化局局长的徐长松关于成立省级剧团的一段谈话。

他们说到，发展湖北黄梅戏要借鉴的安徽经验是什么？

黄梅戏从湖北到了安徽后，迅速发展起来，这是黄梅戏的第一次飞跃。而第二次飞跃是在新中国成立后，其中有一个关键人物，就是安徽省委副书记桂林栖。桂林栖是黄梅县人（安徽黄梅戏的兴盛少不了湖北

● 湖北省黄梅戏剧团挂牌仪式（1989年）

人的参与），1927 年参加革命，1949 年 4 月任安庆地委书记，带着对黄梅戏的感情，他把流散到各地的黄梅戏艺人陆陆续续请到安庆，成立了安庆戏剧协会。1952 年，已任安徽省委宣传部部长的桂林栖把严凤英、王少舫等人组织起来，成立演出团，赴上海参加华东戏曲汇演，严凤英、王少舫合演的《路遇》轰动上海。1953 年，还是桂林栖把安庆黄梅戏迁到合肥，成立高规格的省级剧团，然后，桂林栖做了两件事，一是为剧种定名字，去掉黄梅调的"调"字，去掉采茶戏的"采茶"二字，合起来，称为黄梅戏。二是组织名家整理改编《天仙配》。1954 年，严凤英、王少舫主演的舞台剧《天仙配》参加华东区戏曲观摩汇演，获得多个奖项，随后电影《天仙配》蜚声海内外，黄梅戏剧种也一跃而上，成为全国五大剧种之一。

这是黄梅戏在安徽的历史片段，也是在安徽创造的经验。

他山之石可攻玉。

如果要借鉴经验，就应该也成立一个省级剧团，这样才能有更高的级别，更好的待遇，更好的条件，只有这样才能把黄梅戏做大做强，同安徽竞争。

不得不说，杨俊是有远见的，她当初提的要求是获得职称和成立省团。职称是和切身利益相关的，那时节，职称很神圣，职称是对一个人的能力肯定，也是物质保证，保证和别人站在同一个起跑线上。而成立省级剧团，才能站在高位上与人比拼，才能真正实现把黄梅戏请回娘家的最初梦想。她到这里所要迈过的第一个台阶，就像故宫里的宫殿，必须矗立在高台之上，见了先给人以仰望和压迫感，整体才有了厚度和高度。也只有成为省级剧团，才能有更多的人才，才能吸引好的演员、好的编剧、好的导演、好的作曲等。一个好汉得三个帮，众人划桨才能开大船。这是杨俊作为一个好戏曲演员的自觉认识，这也是她具备管理才能的初露峥嵘。

● 《天仙配》（杨俊、张辉）

不得不说，湖北对黄梅戏的发展，支持力度很大。

杨俊和张辉两个好演员找来了，没有工作籍，重新办理；没有户口，重新入户；没有房子，新盖的宿舍楼就有他们的；没有职称，马上特批；没有班底，迅速组建；没有院团，马上成立。

一切都有了。

接下来，就是艺术创造了。

经过集体讨论，他们第一出戏选择了《天仙配》。

《天仙配》的故事妇孺皆知，黄梅戏更是随着《天仙配》电影走上大剧种的行列。

至于为什么要排这个戏，章华荣先生解释道：

成立湖北省黄梅戏剧团，排的第一个戏是《天仙配》，这是打炮戏。当时有几个选择，一个是《天仙配》，另一个是《孟姜女》，第三个就是《罗帕记》，还有《女驸马》。最后为了稳妥，我们选择了《天仙配》，因为《天仙配》天上人间大开大合的传奇性，具备了我们主创人员所有的期待和可能。我们在好听好看上下了功夫。

　　《天仙配》排成后，向湖北省委汇报演出，这是他们第一次亮相，结果好评如潮。北京的一些专家包括中央电视台的人都说，像是湖北黄梅戏回娘家的样子。不过，再怎么肯定，再怎么说好，在观众心目中还是安徽的，不是湖北的。这一点，杨俊知道，章华荣知道，好多人是明白的。只是到底怎么做，都在摸索中。

　　1989年，杨俊以《天仙配》开启她来到湖北的艺术历程。这时的她还在传承的过程中，她把艺校学到的技能和从事影视工作得来的经验，还有黄梅戏前辈们留下的感悟，汇成一体，在湖北地面上演她的第一个角色。

　　同年，在《天仙配》上演同时，被上级任命为湖北省黄梅戏剧团团长的章华荣就开始排第二部舞台剧。彼时省团刚刚成立，需要一出新戏来夯实这个团和演员们的地位，他就找到了湖北籍著名导演余笑予。余导拿出了一个剧本，名为《僧尼浪漫曲》，是根据《化缘》《思凡》《下山》等折子戏改编的。

　　章华荣团长在中层干部会上表示：

　　　　我们这个团刚刚成立，还未在全国造成影响，必须要连续打三个响炮。《天仙配》只是开了一个好头，打响了第一炮，第二炮排什么戏，事关重大。我的意见是排《僧尼浪漫曲》，原因有三条：

一是剧本比较成熟，这是根据传统折子戏重新改编的轻喜剧，情节幽默风趣，妙趣横生，有的时候令人捧腹大笑，有的时候又叫人啼笑皆非，戏剧效果会十分强烈，同时，小和尚小尼姑两个人物非常适合杨俊和张辉。二是这个戏唱做念舞样样俱全，而且还有绝活，这对我们的演员，是一次极好的学习和锻炼的机会。三是有个好导演余笑予，他是全国著名的戏曲导演艺术家，被誉为戏曲界的"国宝"，他曾为十几个省市十几个剧种排了三十多台戏，十多个戏获

● 以黄梅戏的看家剧目《天仙配》开启湖北艺术历程

得了"文华大奖""文华新剧目奖""'五个一工程'奖""国家舞台艺术精品工程奖",我之所以选中这个剧本,在很大的程度上是选导演。我可以断言,只要我们紧紧地依靠余笑予这个"国宝",他将会为湖北黄梅戏剧团创造出前所未有的成绩。

章华荣的思想工作获得所有人的认可。经过剧本的打磨和音乐成型之后,《僧尼浪漫曲》正式开始排练。

剧团里的所有人,都如饥似渴地在场上看余导排戏,戏里的小尼姑,二八年华,见到正值青春的小和尚,不免就思凡。这是一个不同于以前黄梅戏里女性角色的戏,也是不同于已经有表演经验的昆曲和京剧的这么一个小尼姑。杨俊如获至宝,如同海绵一样,吸收着余导带来的经验,体会着要从青春里跳出自我的一个被禁锢的女人的心路历程,揣摩着可以用到的戏曲程式,领会着导演的意图。别人去休息时,杨俊还在排练场上挥洒着汗水,这个角色不是七仙女,不是小春红,却有着杨俊本真的一丝气息,那便是一股子倔强,一股子突破禁忌的试探,一股子"不服周"。

1990年3月,《僧尼浪漫曲》正式排练,4月排练完成。

排成后的1990年4月1日,杨俊拜了余笑予为师。

1992年5月23日,在湖北省文化厅隆重纪念毛泽东同志《在延安文艺座谈会上的讲话》发表五十周年湖北省剧种汇演时,此戏第一次上演。来自湖北省各专业戏曲院团的演职人员、北京专家、中央和省市新闻单位的记者、湖北省委省政府领导观看了此剧。

这次全省剧种汇演中,评出六位金牌演员,杨俊名列榜首。

之后,《僧尼浪漫曲》在湖北、江苏、河南、安徽、北京、台湾演出五百多场,赴台演出前更名为《双下山》。这出戏一出世即受到了热捧。

杨俊对戏剧的体验在《双下山》之后上了一个台阶，在守本创新的路上，她拥有了自己的代表作，这是她艺术里程上很重要的一步。

　　《天仙配》《双下山》之后，在湖北省黄梅戏剧团的创业蓝图里，有了舞台剧，还要有电影、电视才能让以杨俊为代表的湖北黄梅戏真正做到家喻户晓。这时，王冠亚写出了电视剧剧本《貂蝉》。王冠亚因为严凤英的遭遇，曾经萌生过离开安徽，和杨俊他们一起来湖北的想法，但湖北省方面考虑到王冠亚的身份——既是安徽的一块牌子，又是黄梅戏的一块牌子，如果他像杨俊那样，扔掉工作，只身到湖北，恐怕会影响到两省的关系，因此没有答应他到湖北来。当时的湖北省文化厅副厅长阮润学托章华荣给王冠亚捎了一句话：不来湖北，照样可以为湖北黄梅戏做贡献。王冠亚记住了这句话，很快就写出了《貂蝉》。

　　拍摄《貂蝉》得到了黄冈地委的支持，确定由杨俊饰演貂蝉，张辉饰演吕布，由黎式恒执导，徐志远作曲，章华荣任制片主任。一年多时间，《貂蝉》拍摄完毕，中央电视台在黄金时段播出了这部黄梅戏电视连续剧，引起强烈反响。

　　这是杨俊在湖北的第一部黄梅戏电视剧代表作。

　　第二年，即1991年5月28日，第十一届全国电视剧"飞天奖"颁奖大会在广州天河体育中心举行，由湖北省黄梅戏剧团、湖北电视剧制作中心、中共黄冈地委宣传部联合摄制的六集黄梅戏电视连续剧《貂蝉》获得戏曲片"飞天"奖。湖北黄梅戏第一次登上全国性的领奖台，以杨俊为领军的湖北黄梅戏开始走向繁荣。

　　同年，为了实现湖北黄梅戏影视剧全面发展的规划，黄梅戏电影《血泪恩仇录》开拍。这虽是湖北黄梅戏的第一部电影，却是杨俊继《孟姜女》之后的第二部戏曲电影，之后又有了在湖北的第三部和第四部黄梅戏电影。

　　来到湖北黄冈短短3年，杨俊的演艺事业像坐着火箭一样突飞猛进，剧、影、视全面开花。她的个人发展和湖北黄梅戏的发展是并驾齐驱的，她在这样的大环境大氛围里，体验到了做主角的快乐，体验到了演员在舞台上纵情策马的快乐，唱念做打，可以倾注在角色中，代替角色站在灯光下与观众对话。

3.说不尽的《未了情》，埋头是为了抬头

在《黄梅戏回娘家》中，章华荣回忆道：

一束白炽的强烈光柱直射舞台中央，煞白煞白的光柱下，陆云坐在轮椅上，心磊推着轮椅在舞台上流动，剧场里又骤然寂静下来，静得连地上掉一根针都能听得见。陆云凄婉地唱：

心磊呀，

我一生未曾用过化妆品，

上路时，请替我画画眉描描唇，

抹抹红，擦擦粉。

还我青春送我行。

我走时，不戴金银不装新，

就穿我这套连衣裙。

我走时，

带上你的亲笔信，

黄泉路上细品评，

陆云我此生无悔也无恨，

面带微笑对死神。

唱到这儿，杨俊泪流满面。台下 1500 名学生一下子齐刷刷地站起，虽然有的在失声痛哭，有的在无声抽泣，有的任眼泪尽情抛洒，但他们一个个都毕恭毕敬地站着，两眼直愣愣地盯着舞台。

这是《未了情》在台湾台北剧院演出时的情景。即使没有见到当时场景，即使只是在书上读到这样的文字，读者依然会被这种真挚的情感所营造的观演关系而震撼、感动。

《未了情》是杨俊艺术的里程碑，由《未了情》也前伸后延出许多故事，这部戏是怎么诞生的？有什么样的细节？

事情起源于 1993 年春节，这是杨俊拜师后的第一个春节。

章华荣带着杨俊去给师父拜年。一进门，大家闹着让徒弟给师父磕头，余笑予说："磕不磕头无关紧要，关键是心里有师父就行。"

杨俊一向聪明，接下来就说："师父，我们来到湖北最大的收获，就是碰上了您这位恩师，是您的《僧尼浪漫曲》（这时还没改称《双下山》）把我们的艺术水准提高了一个档次，您再帮我们排一台现代戏吧，我们想尝试一下。"

排一台好的现代戏，是章华荣和杨俊共同的心头事。此刻，一有机会，杨俊自然就开启了撒娇式的非正式恳求。

余笑予是个足智多谋、鬼点子特别多的导演，他说："这个想法很好，办好一个剧团就得有战略眼光，要有自己的精品，这个精品要具有强烈的时代精神和超前的现代意识，要塑造一个真实可信的人物。我手头有一个现代戏，是一个叫唐淑珍的残疾姑娘写的，叫《情的呼唤》，故事倒是真实可信，但还不成戏。不过，有一节送生日蛋糕的戏还比较感人，你们拿回去看看，先组织人修改一下。"

杨俊等人回去后，马上组织人马写出了修改提纲，一致同意在"情"字上做戏，原本只有哥哥和妹妹两个人物的戏变成了六个人物，就是我们现在可以看到的舞台上人物之间的关系。故事从师生情、兄妹情、姐妹情、恋人情，以及通常的人情世故几方面去用情；每一场精心取了名字：情幻、情叹、情怨、情真、情赞。

当年8月，剧本改定，取名《未了情》。

杨俊说，这个戏排练得真苦，剧组的人每天都是含着眼泪排练，常常被剧情感动得哭着排不下去。导演经常排到半截离开，情感上受不了。

在排练场上，杨俊一点点揣摩人的情感，人的本性，以及如何从内心外延到形体，传递给观众。她的肢体在导演的启发下，完成向语言的转化，大到一个动作，小到一个眼神，都会说话。这也让余导对杨俊有了一个不凡的评价：杨俊是少数用脑子演戏的演员之一。

流过太多的泪，体验过太多的酸甜苦辣，戏终于排成了。

一经排成，就是远超预期的风靡。

在黄冈演，到武汉、宜昌、十堰去演，到安徽、江苏、河南、北京、成都、台湾去演，还演到了乌克兰，塑造起了中乌之间的文化友谊。演了不知道多少场，走过了不知道多么远的行程，感染了不知道多少人。每一场都是剧终人不散，人们久久不愿离去，流着真情的泪水，感叹着戏的入心。

有时候，要满足观众的要求，一天就得演出四场。有些地方在他们离开后，还强烈要求他们返回去再演。那些日子，真是太累了，本来这样的感情戏就耗精神，再加上一天多场地演，没个好身体都顶不下来。但是看到观众们的反应，又觉得一切都是值得的。

让他们记忆最深的，就是这出戏曾情撼台北。

1995年12月19日，《未了情》在台北剧院上演。演出前，导演余笑予要求：情是《未了情》的魂，戏是《未了情》的根，情和戏是相互融通、相得益彰的，没有情的戏，戏是苍白的，没有戏的情，情是虚假的，所以，情要演透，戏要做足。

演出完毕，台北沸腾了。有一位退役了的军人说，一出《未了情》，

● 情撼大江南北的《未了情》

不下十万兵。各大报纸、电台、电视台都在报道《未了情》，消息、剧评、观后感、花絮也纷纷登场。

之后，《未了情》被邀请在台北金瓯女子高级中学公演一场，场面实在动人，女中全体师生向主角陆云（即杨俊）行注目礼。戏结束了，杨俊谢幕，在孩子们热烈的掌声中，在人们不愿离去的氛围中，杨俊请出师父。"谢谢同学们，谢谢老师们"这样的话，他们说了一次又一次。同学们不愿意走，余笑予老泪纵横，杨俊泪流满面，全场飞着泪水。剧团离开时，同学们送了他们很远很远的路程。

接着，他们又演火了高雄，可以说走到哪里，就在哪里刮起黄梅戏的旋风。这是《未了情》在台湾创造的奇迹。

《未了情》从排成之日起，就创造着说不尽道不完的"未了情"，《未了情》和所有遇到的人一起，书写着美丽的故事。而杨俊的"未了情"包含在其中，有高山有大海，有欢乐有痛苦。

演了无数场，杨俊说，最让她以及他们难忘的，还是杀回安徽的"回马枪"。

1995 年 10 月 15 日到 25 日，文化部、中央电视台、安徽省人民政府在安庆举办全国第二届黄梅戏艺术节，艺术节组委会向湖北省黄梅戏剧团发出邀请。

在去与不去之间，团长章华荣颇费踌躇。六年前他们折戟合肥的阴影还挥之不去。

六年前的 1989 年，安徽省委宣传部、安徽省文化厅、安徽电视台联合主办"首届黄梅戏青年演员电视大奖赛"，章华荣到合肥参加了筹备会。湖北省文化厅决定派人参加这次大赛。那时候，杨俊和张辉刚刚来到黄冈，考虑到他们是辞职离开安徽来到湖北的，还是不去碰触安徽的敏感神经，经研究后团里决定，杨俊和张辉不参加这次大赛，由英山和黄梅两个县的黄梅戏剧团派出优秀演员参加。经过激烈竞争，湖北方面有 5 个人进入决赛。没想到，最后评选结果湖北没有一人进入"十佳"。

这时候，《双下山》和《未了情》以及几个折子戏正在紧锣密鼓的排练中，准备进京和赴台。团里决定不参加安徽的艺术节。可是，一听湖北不参加艺术节，艺术节组委会再次派安庆文化局副局长来到黄冈，言词殷殷，申明这届艺术节是全国的黄梅戏艺术节，全国仅有安徽和湖北两个省级院团，湖北如果不参加，将对这届艺术节的规模、艺术质量产生影响。用这样的理由，安徽再次展现邀请的诚意。章华荣团长犯难了：去吧，怕再次折戟，对团里以及下面的活动产生影响；不去吧，这确实也是一次展示湖北黄梅戏剧团的风采、扩大湖北黄梅戏影响的机会。

进退两难。

这时，杨俊建议，可以问问余笑予导演的意见。

余导毕竟是余导，看得透彻，云淡风轻，他说："你们已经是省级黄梅戏剧团，牌子大了；有杨俊和张辉两个尖子演员，名声响了；有《未了情》和《双下山》两台优秀剧目，底气硬了。我保证你们不会当陪衬，还会一炮打响，为么事不去？"

既然余导都这样说，那就去。

就这样，由章华荣带队，他们到了安庆。对于其他演职人员来说，和寻常演出差不多，但对于杨俊来说，可谓百味杂陈。对于章华荣团长来说，也是如履薄冰，这次艺术节如果产生不好的后果，怎么向领导交代？怎么安顿正在积极向上的湖北黄梅戏呢？真是千斤大石压在心上。

也不怪杨俊他们"如临大敌"，看看参加这届艺术节展演的剧目吧，有安徽省黄梅戏剧团马兰领衔主演的《红楼梦》、安庆市黄梅戏一团赵媛媛领衔主演的《富贵图》、安庆市黄梅戏二团韩再芬领衔主演的《孔雀东南飞》、安庆市黄梅戏三团孙娟领衔主演的《大乔与小乔》等，这样的阵容，名角云集，真的是一次盛会，是全国黄梅戏的一次大集合大检阅，再加上中央电视台的录制播出，盛况可见一斑，竞争之烈亦可见一斑。

10月14日，《未了情》在安庆石化俱乐部演出。

演出当晚，人们在节目单里看到了杨俊的剧照，知道这是从安徽离开的五朵金花之一。他们对湖北的黄梅戏并不寄予多少希望，因为湖北黄梅戏刚刚起步，满打满算也才度过六年时光，相对于已经成熟的安徽黄梅戏，肯定不可同日而语。

那天，来到演出现场的除了普通观众，还有一批特殊观众要提一下，那就是安徽省黄梅戏剧院的四十多名演职人员，他们是杨俊曾经的同事、同学、老师、朋友、熟人。整个安徽文化界都在关注这场演出，也是在通过这场演出关注湖北黄梅戏的发展，关注着杨俊的情况。

面对这种情况，杨俊能不紧张吗？能不百味杂陈吗？

想起六年前自己的"出走"，想起六年前离开安徽的那个雨夜，想起和同事们相处的日子，想起自己在果园里数果子的情景，甚至想起那五年求学时光，也想起，这六年来，断断续续地听到别人对她的猜测、质疑、期待和谩骂。六年来，默默地排戏，默默地在黄冈那个城市里把自己交给氍毹场的汗水，默默地跟着章华荣实现他们绘就的湖北黄梅戏的蓝图，默默地跟着师父学艺。埋头是为了抬头吧？今日是不是能如愿以偿地抬头？

杨俊只能问自己，在不断地对自己的追问中，她紧张到手足出汗，满身湿冷，但她不允许自己输。她不能输，六年来的等待就是为了这一刻。这一刻，她是来安徽汇报的，她是来为六年前的离开画一个句号的。她必须硬生生亮堂堂地站起来。

她大口大口地呼吸，努力地静下心来。

默戏!

大幕拉开。

陆云患了血癌，这么美的青春年华，却要离开这个世界。杨俊是哀情的，一双眼睛扑闪着，让人揪心。

那个生活不太能自理的哥哥，以后可怎么办？杨俊是又疼又亲又爱的。

走入迷途的俏妹不回家。杨俊是难过的伤情的，无力的痛苦的。

佳佳偷绿毛龟救妈妈，杨俊是语重心长的，是有满腹爱意的。

远航在外的恋人得知陆云病情，返回家乡要娶陆云。杨俊是多情的舍不下的，带着遗憾的。

杨俊把自己完全代入了陆云，半收敛半动情半舒展的表演，让她忘记了生活里的一切，在舞台上代替陆云经历戏剧中的一切。戏剧设置的悬念被一一破解，人生遇到的难题被一一化解。真情被唤醒，真实已回归，灵魂得净化，爱情得永生。

那天的剧场，静的时候，鸦雀无声；动的时候，掌声雷动。

座无虚席，过道上都是人。

杨俊他们出来谢幕时，剧场里的人们都含着泪水鼓掌。

领导们上台祝贺。

演出成功。安徽震动。

有的媒体这样评价："被誉为黄梅戏五朵金花之一的国家一级演员杨俊，在处理情人、亲人、教师等多种社会角色中，真切细腻，恰如其分地演绎了导演的意图。杨俊的扮相俊美，唱念俱佳，显示出深厚的艺术功底。"

第二天晚上，同样是这个剧场，他们演出《双下山》，幽默的轻喜剧风格征服了在场观众，杨俊的小尼姑让观众欣喜不已。

演出结束后，由艺术节评委会召开了对《双下山》和《未了情》的

评论会。会上，评委会主任康式昭说："我这个人看戏，主要是看两点，一是看重剧本，二是看重演员，演员是舞台上的灵魂，戏因人传嘛。看了湖北省黄梅戏剧团演出的两台戏，确实让人振奋，这两台戏剧本都编得不错。托尔斯泰说，艺术就是情感。《未了情》从角色的设计、故事的编排、人物内在情感的纠葛、情节的跌宕起伏，都围绕着一个情字，情的呼唤、情的哀叹、情的奉献。扮演陆云的演员杨俊以声情并茂的演唱，真诚敦厚的情感，朴实纯真的表演，特别是陆云临死前坐在轮椅上的那一大段咏叹调，唱得多少观众声泪俱下。那天晚上，我的眼泪就没干过。而在《双下山》中，她又把聪明、机智、勇敢、活泼的小尼姑，演绎得出神入化，惟妙惟肖，让人惊喜，让人震惊。"

中央戏曲学院的教授钮镖说："杨俊和张辉他们俩在舞台上，一句唱念，一个眼神，一个动作，乃至举手投足之间，两个人是那样地默契，那样地心领神会，像是心有灵犀，配合得丝丝入扣，真是珠联璧合，浑然天成。我可以这样说，在当今的戏曲舞台上，像他们这样的黄金搭档还是不多见的。他们俩是湖北黄梅戏的金童玉女，是黄梅戏舞台上的黄金搭档。"

之所以选取这两段发言，是因为这两位专家的发言表达出了他们自己真实的感受，也反映了广大观众的心声。杨俊的表演确实与当初离开安徽时，已不可同日而语。

10月18日，艺术节举行闭幕式和颁奖仪式。《未了情》获"振风杯"演出一等奖，《双下山》获演出二等奖，杨俊、张辉获个人表演金奖。

至此，湖北省黄梅戏剧团满载而归。

六年的时间啊，六年的砥砺前行，让他们实现了质的飞跃，取得了让同行们刮目相看的成绩。杨俊用六年的时间，实现了"埋头是为了抬头"的愿望，证明了自己能行，不论是顺境，还是逆境。她站在领奖台上时，内心依然充满了对故土的感恩，没有安徽省艺校那五年的培养，不会有扎实的基础，同时还感恩陪伴过自己的同事们，还有那些好姐妹。

那一刻，她释然了，放下了。

她与世界和解，但安徽、故乡、黄梅戏依然是她的心头好、未了情。

4. "梅花" 与 "文华"

经历过与观众的戏人相融，经历过安徽这届艺术节的检验，湖北省文化厅有了晋京的打算，目标很明确，"文华奖"[①]"梅花奖"[②]应该花落湖北。

两个奖项的主办者，一为文化部，一为中国文联和剧协，所奖范围不同，分量都不轻，是戏曲从业者心目中的金字塔尖，是大家都向往的目标。自然，初露锋芒的湖北黄梅戏也不甘落后。

从安徽载誉归来，休整几天，全团人踏上晋京的路。

1995 年 11 月 1 日晚，首场演出在中央党校礼堂进行，两百多名省

---

① 文华奖是中华人民共和国文化部主办的专业舞台艺术政府最高奖，设立于 1991 年，最初为一年一届，1998 年起改为两年一届，2004 年第 11 届文华奖起改为三年一届，与 "中国艺术节奖" 两奖合一，放在艺术节上评选。这个奖项对于调动文艺工作者的积极性，增强艺术院团凝聚力，促进全国艺术创作，发挥着十分重要的积极作用。

② 梅花奖全称为 "中国戏剧奖·梅花表演奖"，是中国戏剧表演艺术最高奖，每两年一评，旨在表彰在表演艺术上取得突出成就的中青年戏剧演员。始创于 1983 年，第一届名为 "1983 年首都戏剧舞台中青年优秀演员奖"，后取 "梅花香自苦寒来" 之意更名为 "梅花奖"。

部级干部观看了《未了情》，当晚的演出得到了领导干部们的一致好评。

11月3日，在北京工人俱乐部演出《未了情》，5日演出《双下山》。观看这两场演出的有中宣部、文化部、中国剧协相关领导，以及专家、教授、学者们。演出结束，领导们上台与演员见面并亲切发言。他们肯定了湖北黄梅戏六年来筚路蓝缕的奋斗过程，也为湖北省黄梅戏剧团能排出这样的戏而高兴。

《北京晚报》这样描述当时的情景：

> 千余名观众沉浸在感人的艺术氛围中，为剧中人陆云的命运而揪心，为她得知自己身患绝症之后的所思所想所作所为而动情。剧场里不时传来轻声抽泣，更多的观众则控制不住情感的闸门，任泪水夺眶而出……
>
> 《未了情》之所以有如此感人肺腑的艺术魅力，除了剧中有情、情中有戏、文采斐然、声腔委婉之外，更重要的是有裨风教。它是情的呼唤、爱的礼赞。整出戏围绕陆云与哥哥、妹妹、学生、恋人之间的矛盾冲突，通过陆云的扮演者、国家一级演员杨俊的扎实基本功和动心、出情、传神的艺术形象的体现，充分展示了一名普通教师高尚的道德情操，让观众在审美中经历一次灵魂的净化和情感的升华。
>
> 演出结束后，观众不忍离开剧场，仍然沉浸在剧情之中，他们站在各自的座位前，为剧中丰富的思想内涵和演员们的精彩表演而情不自禁地长时间热烈鼓掌。文化部副部长高占祥、陈昌本和刘厚生、郭汉城、赵寻、李准、曲六乙、齐致翔等首都戏剧界的专家们，同样情不自禁地走上舞台，与演员们一一握手……

记者所写都是实情，《未了情》走到每个地方演出都是这样的情况，观众们久久不愿离去。专家们慧眼如炬，他们识得什么是好，他们知道好从何来，他们知道"情"之一字才是人类的共通点，他们甚至说，陆云就是爱神，要向爱神致敬。

演出结束后的 11 月 7 日，文化部、中国戏剧家协会、中国现代戏年会在文化部大会议室联合召开《未了情》和《双下山》晋京演出座谈会。郭汉城、刘厚生、肖甲、薛若琳等戏剧家、戏曲理论家、表演艺术家出席座谈会。

原中国京剧院党委书记林毓熙说："《未了情》有着强烈的时代感，紧紧地抓住了一个情字，感人肺腑，催人泪下。杨俊秀外慧中，很有灵气，她在剧中的表演，真（是）玲珑剔透，满台生辉，太让人惊喜，太可爱了。"

专家们都夸杨俊和张辉是黄梅戏舞台上的黄金搭档。著名京剧表演艺术家孙毓敏还专门跑去宾馆看望这对搭档。

11 月 21 日，《人民日报》发表丁永淮的文章：

"高洁淡雅白玉兰，洗尽铅华出自然"，名为《白玉兰颂》的主题曲再次响起，悠远不息地久久萦绕在观众的心头……湖北省黄梅戏剧团推出的大型现代黄梅戏《未了情》，在北京做了成功的演出。国家一级演员杨俊在剧中令人信服地塑造了一位身患绝症却一心牵念、帮助他人的普通小学教师的感人形象。她那委婉细腻的唱腔，真切自然的表演，无不展示出她丰润厚实的艺术功底，以及她光彩照人的表演魅力，令京城的观众倾倒，令到场的专家领导称赞不已。

面对掌声、鲜花和观众，杨俊唯有噙泪以对，默无一语地鞠躬再鞠躬。

● 梅花奖颁奖照片

《未了情》和《双下山》晋京演出大获成功。第二年，也即 1996 年 8 月，杨俊获得了第十三届"梅花奖"。

杨俊是湖北黄梅戏获得"梅花奖"的第一人。

1997 年 10 月，第五届中国艺术节在四川成都举行。此前，《未了情》已被评为"文华新剧目奖"，获准参加第五届艺术节。《未了情》是湖北省唯一的一台剧目，也是参加这届艺术节唯一的一台黄梅戏剧目。

又是 11 月 3 日，他们与这个日子有缘，两年前的这个日子，他们在北京工人俱乐部演出，这次他们又是在这个日子里，在成都胜利影剧院开始"情"之旅。

战前动员会上，导演余笑予说："今晚来看戏的人，有相当一部分是全国戏曲舞台上的精英，他们个个都会挑刺，所以，今天晚上的这场演出，既是对湖北黄梅戏的一次大检阅，又是对我们演员特别是杨俊的一次大考验，要想把这场戏演好，出彩，我们必须认真做到这八个字——用心，动情，一丝不苟。也就是我们常说的，《未了情》要用心去演，只有用心去演，才能动情，只有动情，才能感动观众。演员的每句唱念，每一个眼神，每一个舞台动作，一举手一投足，都要一丝不苟，灯光、音响、化妆、道具以及舞台景片的流动，都要配合得一丝不苟。只要做好这八个字，把握好舞台节奏，我深信，我们的《未了情》一定能在第五届中国艺术节的舞台上绽放出绚丽多姿的花朵来。"

与其说这是导演的战前动员，莫如说，这是师父在给徒儿吃定心丸。杨俊懂，她只要按照师傅给出的八个字去对待，演出自己，尽力做到最好就可以了。

那天晚上，杨俊确实调动了全身的力量去演，静若处子，动如脱兔，声有金属之音，腔有丝竹之韵，她把所有的情感和感悟都凝练成舞台上不动声色的表达。演出结束，回到化妆间，杨俊就瘫在了椅子上。那是她最累、最过瘾、演得最好的一场。

11 月 5 日，"文华奖单项奖"颁发，杨俊获得"文华奖表演奖"。捧起奖杯，杨俊哭了。那是无以言表的泪水。一切都值了，那些颠颠倒倒的日子，那些练功场上掉下的汗水，那些背负过的重压，都已消散。上天是公平的，经历的艰难困苦，会以另一种方式偿还。

　　至此，湖北黄梅戏创造了历史。它终于在无数人的心血浇灌下，迎来了灿烂的绽放。

　　与此同时，杨俊主演的黄梅戏电视剧《嫦娥奔月》在中央电视台和安徽电视台播放，观众盛赞杨俊扮演的嫦娥是返璞归真，是至善至美。

　　两项大奖，让湖北黄梅戏实现了与安徽黄梅戏比翼双飞的愿望，被评论界评为"同本同源的并蒂双莲"。从此在相当长的一段时间里，两地黄梅戏取长补短，你追我赶，为黄梅戏的发展绘出美好的风景，也成为全国戏曲大观园中的风景。而这样的风景，有杨俊的努力和奉献，甚

● 第七届文华奖现场照

至包含她所舍弃的一切。

在这两部戏中，湖北黄梅戏在题材上更关注现代，在音乐上带有湖北花鼓戏、采茶戏的韵味，表演上更接近楚剧和汉剧，更多容纳歌剧、舞剧、话剧等形式的艺术元素，从而确立了湖北黄梅戏的风格和位置，建立了湖北黄梅戏的品牌。

"梅花奖"和"文华奖"双奖到手，杨俊奠定了她在戏曲界的一席之地。聪慧的她，又开始思考今后的路。

5.那些年的漂泊

　　1999 年 10 月，在章华荣担任湖北省黄梅戏剧团团长期间，经湖北省人民政府批准，湖北省黄梅戏剧团更名为湖北省黄梅戏剧院。此时的湖北，有湖北省黄梅戏剧院、黄梅县黄梅戏剧院、英山县黄梅戏剧团、罗田县黄梅戏剧团、蕲春县黄梅戏剧团、武穴市黄梅戏剧团六个常年演出的艺术团体，已占据了湖北黄梅戏半壁江山。

　　2001 年，章华荣先生退休。他担心从外面派人来，会影响到两个好演员的前途，会影响到湖北黄梅戏的发展，于是力荐杨俊接任了院长。

　　杨俊不仅爱演戏，而且她的天赋和能力即使接任院长也不含糊。

　　章华荣先生在《黄梅戏回娘家》一书中说，杨俊上任伊始，烧了三把火。

　　第一把火，是找到财政局申请资金，把他们的剧场装修一新，观众厅安了 800 个靠背椅，舞台上装了吊杆和大幕、条幕，剧场内还配有六台大功率的柜式空调，结束了黄冈城区没有剧场的历史。

　　黄冈市黄梅戏大剧院至今坐落在宽敞的广场上，在黄州大道东侧，占地不小，看起来很气派。曾经的杨俊就在这里摸爬滚打，这里的草木都染着她的心血。

第二把火，是搞新戏。安徽黄梅戏有《天仙配》《女驸马》《罗帕记》，她想搞出属于湖北黄梅戏的新三篇，除去前面已经有的《双下山》和《未了情》，她还要做第三部。

新戏做什么，这个很费思量。事前想过的《赛金花》与《马前泼水》搁浅后，他们看上了大元女伶人朱帘秀的故事。朱帘秀是个传奇女人，朱帘秀和卢挚是恋人，又和关汉卿他们过从甚密。《元曲三百首》中有一首朱帘秀的小令："山无数，烟万缕，憔悴煞玉堂人物……"这是一首《寿阳曲》，是和卢挚的，他们二人那天在江边分别。这是朱帘秀留存在世唯一的一首小令，非常美。杨俊喜欢这个故事。章华荣先生写了初稿，后经八人小组把这个剧本修改完毕，定名为《大元吟》。

但他们没有想到，有一天张辉突然提出要排《和氏璧》，剧本也已经完成了。张辉也给杨俊交了底，《和氏璧》是男主角的戏，他想拿这个戏冲刺"梅花奖"。

《和氏璧》是以楚地汉子卞和为主角，表现卞和的爱国情怀和人格精神的，文本也充满阳刚之气，是悲剧的基调。

杨俊看了剧本，凭着自己的艺术直觉判断这个戏不适合黄梅戏，但冲刺"梅花奖"是张辉多年的心愿。杨俊一时间无法抉择。

排，还是不排，她真的太难了。

想起两个人在艺校时的两小无猜，想起自己一个电话，张辉就随她来到了黄冈，几年来，自己得"梅花奖""文华奖"，而张辉虽早已成名，却还没在这些奖项上有所斩获，但他依然默默相伴自己许多年，他该有自己的奖。

杨俊虽然痛苦和纠结，但还是同意排《和氏璧》了。

既然决定，就不拖泥带水，这是杨俊的风格。她马上成立顶级主创团队，由全国顶级话剧导演曹其敬执导，从北京请来舞美设计刘杏林、灯光设计邢辛，从安徽请来顶级作曲徐志远。湖北省文化厅也把《和氏璧》列入了全省重点剧目，投资排练。

但《和氏璧》的排练并不顺利，主创团队对风格样式常有争议，演员之间也在各自的表达上都有些别别扭扭，总之，演职人员在这个剧组没有尝到创作的快乐。杨俊是院长，又是剧中女主角，无论在艺术理念上还是日常管理上，均和张辉有了明显的不和谐，杨俊萌生了退意。

要体体面面地不伤和气地退，她对自己说。她不想让这样的情况和情绪"扩张"成别人嘴里的闲言碎语。她做了很多种假设，但还是想不出退出的理由。疲累、生病甚至受伤都是理由，但一切都那么违心。激烈的思想斗争之后，杨俊最终选择了光明正大、开诚布公地说出自己的心意。

她退。

她的退，是真的退，是一步一退。先退出《和氏璧》剧组，再向市委写了辞职报告，辞去院长职务。

这是一个烈性女人最激烈的选择，她走。泉眼既已堵塞，山寨就已不是她的山寨，她便不眷恋。

领导、同事纷纷来做工作，却没有让她改变心意。最后，市委答应了她的请求，2006 年 6 月批准她辞去湖北省黄梅戏剧院院长职务。

杨俊的直觉没错。2007 年的第八届中国艺术节上，《和氏璧》落选，张辉的"梅花奖"心愿落空。

这里要补记一笔：杨俊离开黄冈后，张辉在 2009 年冲击"梅花奖"，演出剧目就是《双下山》。张辉一个电话，杨俊二话没说奔赴杭州陪演，帮助张辉拿下了第二十届"梅花奖"。张辉获奖的那一刻，杨俊高兴得手舞足蹈，眼里星星点点。

张辉拿下"梅花奖"，正是当年杨俊想烧的第三把火。这火来得迟了点，但依然不减它的明烈，章华荣在他的书里没说，杨俊也没向他人透露。多年以后，杨俊才把这把火的回忆拾起。

是，他们是分开了，可从年少时建立的友谊是那么纯洁，彼此依然能互相托付，这真是极好的。张辉说，感谢杨俊带伤陪他演出。杨俊说，没有张辉就没有她的今天。而作为观众和读者的我们，对此也无比动容。这世间，我们都该珍惜身边的缘，也许去了，就不会再来。我们都该"还将旧来意，怜取眼前人"。

而事情还在发展变化。

2007年9月，湖北省召开第八届文代会，黄冈代表团里已没有了杨俊的名字。这让很多人感到意外，虽然后来省剧协为她增补了一个省直代表的名额，但这极大地挫伤了她的自尊和骄傲。

这件事成了压倒她的稻草。

除了走，没有其他选择。

一个人的生命是有限的，艺术生命更是有限的，也许换一方天地，会获得另一种重生。前车之鉴有从安徽到黄冈的发展，后事之师便不怕从头再来。

她向黄冈市委再次递交请调报告。她要离开黄冈。

上一次选择，她放弃了院长职务，这一次选择，她要走了，离开她为之奉献了青春岁月的黄冈。想起十几年前，她是那么义无反顾地离开安徽，奔赴梦想，来到黄冈。这些年，她的热血、汗水、激情都挥洒在这里了，这里的草木繁花都有她的印迹，她是把这儿当作第二故乡来看待的，还在这里买了房子。是黄冈塑造了她，是黄冈给了她最高的荣誉，她怎能不爱黄冈不感恩黄冈呢？她这次走得不轻松了。她说："我的离开，有许多的不舍，许多的无奈，许多的不得已，还有许多的事没完成。"

步履沉重，瞻前顾后。

她爱黄冈，她感恩黄冈，既然爱和感恩，她就要等正规的组织程序。

两年的挽留未果。杨俊仍坚持要走，她是决绝的，一辈子都是这样。终于，2008 年底，杨俊的请调报告获得批准。

这回是独自一人离开，没有人陪她上演"双下山"，只剩下她自己对黄冈的"未了情"。

这时候，离杨俊脱离舞台，也已经过去了 5 年。

就在舆论沸沸扬扬时，杨俊接受了央视《戏苑百家》访谈，与著名主持人白燕升做了一次名为《千呼万唤始出来》的长谈。她在节目中，说到《和氏璧》，承认是她的选择失误。她有自己的思考，她说黄梅戏这个剧种承担袍带戏、宫廷戏还是有局限的。

对于她的辞职，她坦承是不得已，但离别黄冈不只是自己个人的原因，她体会到，事业发展到一定程度，在辉煌过去后，人的思想和事业会走到瓶颈期。在舍与得之间犹豫，不如一切再从头开始。在黄冈，她背负着生存和发展的双重矛盾，别人考虑的是生存，她想的是发展。从排完《未了情》开始，她就在考虑发展的问题，有时候，发展和生存是不兼容的，甚至会受到很多制约。她感受到了环境的挤压。在她身上，也时时体现出院长和演员的矛盾，她找不到同道者，她很痛苦。因此她必须走，到省会武汉去发展黄梅戏。

她重重地说，我走不是背叛。她始终感谢黄冈，不会做对不起黄梅戏的事情。

那天的访谈很成功，创下当时的央视戏曲节目收视之冠。

这是白燕升对她的第一次访谈，在此之后，还有几次，收视都很好。

对于她的离开，一直带着她陪着她，坚决不同意她和张辉分开的章华荣怎么看呢？

在《金声玉振》节目里，章华荣说出了自己的心里话："我的心里非常纠结，我和他们俩一起共事了十三年，风雨同舟，患难与共，情感上舍不得，他们俩是当今黄梅戏舞台上首屈一指的黄金搭档，他们的分开，对黄冈而言，对湖北省黄梅戏剧院而言，损失是显而易见的。可遇不可求的黄金搭档分不得，他俩是当今黄梅戏舞台上的佼佼者，又都是有极强事业心、有极大发展空间、能单独撑起一片天的人。有人说，全国的黄梅戏是安徽、安庆、黄冈三足鼎立，现在杨俊又去武汉撑起了一片天，三足鼎立的局面变成四足鼎立，就全国黄梅戏发展的大格局而言，也可能是一件好事，有失有得。"

章华荣看的是全局。他相信杨俊，相信这个总是把自己置之死地而后生的女子。

2009年，杨俊悄悄地离开了黄冈，她没有和任何一个人告别。她来到武汉，期望长江边、黄鹤楼下，能有她的蓝天白云，能有她的巨舰艨艟起航之所，能有她的梦想，能让她的才华得以施展。

著名主持人白燕升有一首歌《戏梦人生》，其中有几句词很好：

> 多少年无助的漂泊
> 漂泊那梦想的舞台
> 人生百转总难耐
> 蝴蝶飞不过沧海

完全就是杨俊的漂泊期的心语。唱来，真是让人泪目。蝴蝶飞不过沧海，人生百转太难耐。命运总是让人在磨难和晴空中辗转。

杨俊从《和氏璧》剧组退出来时，不少人曾问过她，那么郑重其事地退出来，要到武汉去，不怕没戏演？不怕没去处？如果再没有舞台了，怎么办？

多年后，接受采访时，她沉默了很久，然后轻轻地说，也不是很盲目，知道武汉有一个黄梅戏剧团。

这退路听起来都有点让人心酸。她知道有个黄梅戏剧团，她也只是想唱戏啊，哪怕身无所有，还可以有一个剧团作底垫。

实际上，她的离开怎么可能顺利？

她是有着明星光环，有着重大荣誉的人，她要走，有多少人会惋惜？会不舍？会认为是黄冈的损失？大家苦苦相劝，劝她留下来。还有人会觉得她选择离开，是不知好歹，给她使绊子。甚至还有人会拖着她，觉得拖久了她会妥协。

于是，她被吊在半空中。

不知所措的她，没有戏演，没有看得见的前途。人海茫茫，荒凉感再一次涌上心头。

无论如何，她是属于戏曲的。即使局势不明朗，还可以有闲散的活法。这些年，埋头在黄梅戏以及自己的作品里，时间太久了，这下子正好可以喘息，正好可以呼吸。

那么，戏曲、全国戏曲以及各剧种的好友们都在什么状态？戏曲表演和时代思想走到了哪个程度？

是不是可以去走走、去看看，同时也想想？

这样，她的出走就看似没有目的，好像又有目的。

天下之大，风景之盛，她是走在路上的时候才发觉，她的兴趣以及心魂所在，还是戏曲，她的归宿，还是舞台。真是无奈，叹息一声，那就去看戏吧。

全国地方戏优秀剧目（中国第八届艺术节）评比展演在武汉举行，她就穿梭在武汉几大剧场之间，一场接着一场挨个地看。

安徽省黄梅戏剧院带着《逆火》来武汉演出，她静静地坐在台下，没有告诉主演、她的老同学蒋建国，她只是看戏。一点一点的时间都在沙漏的流逝中飞逝，戏，还是剧终了，她低头悄悄地离开了剧场。事后，她说："我无法像正常的观众那样正襟危坐，（只能）像跳蚤一样这里坐坐那里坐坐，眼睛就更没闲着，东看看西看看，直看到场灯熄灭才收回疲劳的眼睛和兴奋的心。这种状态只为黄梅戏出现。在演员被观众层层包围时,我站在远处为同行骄傲,为黄梅戏人骄傲。"

她是在骄傲,她也在羡慕,甚至有一点点自卑,她更是在独自品尝命运之树结出的果子。

她也看其他剧种,川剧《易胆大》是巴蜀鬼才魏明伦的代表作,男主角就是后来和她一起参加《伶人王中王》比赛的陈智林。她看了,喜欢得很。她说:"冷风细雨在空中飘荡,我快乐如飞的心情也在空中飘荡。走出剧院大门,我甚至来不及擦掉脸上挂着的泪,甚至来不及收拾好被剧中人物感染得七上八下的心,一头冲进蒙蒙细雨中,好让自己能够不被任何打扰地久久回味在川剧的艺术魅力中。戏太好看了,这种自觉被打动的感觉已经久违了,这是一出真正意义上的戏曲本体的戏,写人,写人物命运的戏,让人看得荡气回肠。"

她自己驱车,跑了六百多公里,去看好朋友茅威涛[1]的新戏,她看到茅威涛的表演,心里升起难言的情绪。

茅威涛在如今的戏曲界也算传奇。说起表演,从家喻户晓的电视剧《笑傲江湖》中的东方不败一角便可窥斑知豹。茅威涛的新戏《梁山伯与祝英台》就是一次特别新的尝试,已与旧戏有很大的不同,这一点很让业界的人高看。

杨俊看到这样的戏,为朋友高兴,为越剧庆幸,却也对黄梅戏产生了深深的担忧。担忧着担忧着,她就开始了自我折磨,改革开放 30 年,越剧稳扎稳打,频有好剧,而黄梅戏有什么作品呢?虽然湖北黄梅戏在成立之初有了可喜的成绩,也有不同于安徽风格的作品,但近些年,她

---

[1] 茅威涛,越剧演员。扮相俊美,气度不凡,在舞台上高雅飘逸,细腻深刻,善于创造人物,能吸取京剧、昆曲、川剧等古老剧种的优点化在自己身上。既传承了越剧尹派的特点,又根据自己的嗓音有所改造,在唱做表几个方面都可圈可点,已经形成了茅氏风格。

感到了湖北黄梅戏的空落，看到了没有好戏支撑的现状，也看到了湖北黄梅戏甚至是黄梅戏整体在时代面前的保守和退缩。

她的忧患日益沉重。这是她多年的从业经验和责任感带来的忧患。因为爱戏，所以忧患。

这些日子，她就作为一个普通观众到处"漂"。漂来漂去，漂出了自己的思考。不论是越剧、川剧、京剧还是黄梅戏，她在寻找光影，她在寻找方向，她在寻找梦想落脚的地方，她也在寻找对手。她在享受戏的愉悦，又不仅仅在享受。她的思绪点点滴滴都在她的笔记中留存，我们可以从字里行间寻找到蛛丝马迹。她说，人人都有被需要的需要，我们需要的成就感，未必和金钱有关。人，都会静极思动。"急流勇退"

未必就一定是急流勇退，也许是开展生命的另一种可能，也许有别的生涯规划，就算是回家相夫教子，也可能在几年后再出发，追求属于自己的成就感。她的思绪很复杂，似进似退，时强时弱。

2007 年 5 月间，她生了一场病。清晨，雨一直在下，她要去医院。已经和医生约好，此前诊断结果是甲状腺肿瘤，她担心，又找医生复诊，复诊也怀疑是肿瘤。

"肿瘤"终归是不好的病，这个脱离了舞台和梦想的女人，那一刻拿到诊断结果，该有多么难过？

可她的笔记里，却没有写她的难过。字里行间，她第一个念头竟然是还要开会，还有一个小演出，还要去讲课，还担心戏迷们找不到她。

有什么比生病看病更重要？

结果出来后，确实是肿瘤，好在，是良性的。

良性的也需要开刀住院。住院后，她在默默观察病区里的人，感叹生命的不确定性。终于在 6 月 18 日八点，她被推进了手术室。

八点，手术室的推车到达，一屋子的亲人和朋友把我送至手术车上，我假装轻松地睡在床上，此时老公终于控制不住流泪了。我哽咽不语，微笑着和周围朋友挥手再见，手术室大门将我的视线与亲人分开了。

手术我就不知道了。

中午十二点半出来，后来得知，由于时间太长，把我的亲人和朋友急得已不行，对不起我的亲人和朋友了，由于我的一无所知，把大家弄得面目全非，坐立不安，以后再怎么吓你们也不能用这种方式了，太可怕了……

她都做手术开刀了，还管别人是否着急。她是大家的牵挂，自然就会担心和无助，这不是很正常的吗？可是，为什么在一心排戏的时候，她不病，一心要为湖北黄梅戏奋争的时候，她不病，偏偏在这个时候，她就得了"肿瘤"？通常意义上讲，心情郁结、满腹愁肠时，身体会警示，会以生病的方式表示抗议。妈妈说，小俊那场病是因为心里有心结。

好在，一切都好。手术后，杨俊又可以出现在为梦想奔波的路上，哪怕漂泊期还没有结束。手术解决了身上的病，但那块心病一直压着她。

那是一阕未了情啊，真是提起来就饱蘸着血痕与泪痕。

就在《未了情》剧组定下来要排这个戏，而且主创人员全部圈在大崎山（距黄州约40公里）上修改剧本时，杨俊怀孕了。

剧本修改完毕大家准备下山时，他们接到了杨俊的信，在这封信里，杨俊说，《双下山》之后，她想着没什么重大活动，就想要个孩子，也真的怀孕了。可是，知道剧组要排新戏，还是自己跟师父申请来的要排的现代戏，她怎能离开。她知道这是湖北黄梅戏的机会，她也珍惜和师父再度合作的机会。于是她请了假，做了流产手术，回家去养身体。

收到杨俊寄到山上的信，那一刻，章华荣止不住热泪落下。师父余笑予也不禁泪盈眼眶。他们几个主创人员，都红了眼。大家只觉得很对不起这个把命都卖给了黄梅戏的有灵气有主见的女人。

这不是杨俊第一回这么选择。

往前追溯，杨俊刚来到黄冈，正在排练《天仙配》时，有了孩子。有了孩子是欣喜的，可她又想到，她来到黄冈，背负着振兴湖北黄梅戏的使命，想到《天仙配》是众望所盼的第一炮，怎能因为自己而耽误啊。她觉得，她的命不仅仅属于自己，她不能这么自私。于是她毅然决然地舍弃了那个孩子。两天后，她就拖着还有点瘦弱的身躯进入排练场。章华荣知道后，严厉地批评她，她嬉皮笑脸地说了八个字：人在江湖，身不由己。多年后，章华荣说起这事，依然摇头叹息，他说，他真的不知道杨俊会做这样的选择，如果知道，绝对不会同意她那么做。

她是一个正常的女人，怎能不想要不喜欢自己的孩子呢？她也想有做母亲的感受，她也渴望家庭的完整，她也想儿孙绕膝，她也想生命的延续，可是偏偏每个孩子到来的时候，都是她的事业也是湖北黄梅戏事业最关键的当口。那个关键的当口，需要人领着往前走，她作为全省人寄予厚望的期待，作为湖北引进的人才，不能因为生孩子的事给耽误了啊。她没有给自己留退路。心里想着，总还是有弥补的机会的。

弥补，弥补，怎么弥补啊。这样的蹉跎竟然是一生。如今也不可能再有孩子了，这成为她终生的遗憾。但她不悔，她在湖北黄梅戏最重要的关头，单薄的身影顶风冒雪地站在最前端，从没有退缩。

她的笔记中有这样一段话：

今天是五月的最后一天，明天是六一儿童节了，这个节日让我有切肤之痛，许多年不愿触碰，许多年也让我巧妙地躲避了。

算算，2000年的六一是我亲手将自己的骨肉扼杀了，因为那时我不能泰然自若地拥有自己的宝贝。我想，孩子真要来到这个世界，现在也该上小学了。

人到中年，心心向往的还是家，还是孩子，如果这是人生遗憾的话，恐怕这是我说也说不出的遗憾吧。

选择什么样的路就意味着选择什么样的生活状态，不能让我做一个完整的女人，这也许是命中注定的吧。

字里行间，满满的是一个女性的脆弱，她并没有在大家面前那样地坚定，她的伤在心里，那个伤凝结成一块肉团存在她的心里，她不敢想，不敢动用，一想一动用就粘连着血泪和痛。她说过，我也是个女人啊。就这么轻轻的低低的一句话，让人体会到了切肤之痛，谁能不痛？

后来，在获得全国"三八红旗手"发表感言时，杨俊说："如果当时有了成熟的心智,不把生活和事业对立的话,我也能拥有完整的人生。"她也检讨过自己,她年轻的时候,执着,不成熟,她是把事业和生活对立了。生活虽然没有圆满,但她获得了事业上的成功。失去与得到,就像天平的两端,需要一种平衡,上天也会给予平衡,只要自己知道自己的得失。

再痛也是一生。

再遗憾也过了一生。

期望她会忘却,忘却不是冷血,而是更平和地对待遗憾和生命缺失。世上之人都是可怜的,都不完美,如今已经很好。

妈妈总是心疼地说,我最心疼小俊,她没有自己的孩子。

曾经在《金声玉振》节目里,她说:"黄梅戏于我,我于黄梅戏,彼此留下了太多的念想。"大家都哭了,都在替她疼。

有个戏迷曾给她留言:"别难过,我们替你的孩子来爱你。"这样的戏迷,全国有很多很多。

而湖北黄梅戏也会记下她,她成为永远闪亮的一束光,照亮着很多人的来路和归程。

从这个意义上讲,她也是值得的。

她也曾写下她的煎熬:

那一瞬间在寂寞孤静中又回到了属于自己的世界,有时一夜无眠,有时半醒半睡,有时美梦和噩梦随我穿梭在天堂和地狱之间,笑醒过,哭醒过,吓醒过……

没有痛哭过的人就不足以语人生。杨俊这样的壮士断腕般的选择,令人心疼至极,又让人佩服之至。

到了武汉，进了湖北省地方戏艺术剧院，便顺利了吗？

不尽然，仿佛上天对她的考验从来就没有尽头。她说："武汉让我可望而不可即，如此局面是人为造成的。"

没有合适的位置，没关系，只要能演戏就行。实际上，就这么一点低微的要求，也是很难的。

她去寻找她的路。

她先选定了《天仙配》。那个她少年启蒙时就学过的、在黄梅戏史上定位第一的《天仙配》。

至于为什么会选《天仙配》，她有自己的考量。

新版《天仙配》打造的目的，就是扩大湖北黄梅戏的影响，也想通过此举把黄梅戏带入武汉城市圈，让地域优势提升黄梅戏的地位。

用音乐剧这种艺术形式和载体，应该是一个不错的选择，因为音乐剧要比歌剧更通俗，比传统戏更时尚。如果我们能培养一个健康的音乐剧市场，扩大观众群，到时，不同定位的剧院都能够红红火火。

她想在形式上创新，做一个音乐剧版的《天仙配》，与时尚和时代接轨，又想借《天仙配》的声名打开武汉黄梅戏的局面，在武汉这个城市圈里提升黄梅戏的地位。

她为这个戏，找来了自己的老师和朋友一起出谋划策。一些成熟或不成熟的想法，在这些朋友和老师的几番讨论下，也渐渐有了些眉目。第一，要做一部黄梅戏音乐剧《天仙配》，因为黄梅戏的音乐家喻户晓。第二，加强形式上的视觉冲击力，时尚性。第三，加强文本的时代性和人物的丰富性。第四，在继承的基础上，守本创新。

调子是定下来了，可做起来，哪有那么容易。

导演定下郭晓男（茅威涛丈夫）之后，她带着十足的诚意跑去北京请郭导，初次见面，他们还是相谈甚欢的。她执着地虔诚地等着导演，期间多次短信往来，终于他们也坐在一起探讨《天仙配》该如何排了。但是，在杨俊的笔记里，这一版的《天仙配》忽然就销声匿迹了。不知道原因，再也没有提起。

这个疑问，后来杨俊做了解答，她说，郭晓男导演一直在北方昆曲剧院排戏，后来又为茅威涛的戏曲电影三部曲在忙碌着，迟迟定不下排练《天仙配》的具体时间，这一等就是三年。

这么长时间，就没想过换人吗？

她说："不是不可以换导演，只觉得《天仙配》更适合郭晓男导演的气质和审美，等得来就排，等不来就算了，最终因为没有等来而放弃。"

之后，听说黄梅县黄梅戏剧团要打造《邢绣娘》，杨俊对这个黄梅戏历史上的奠基人物之一非常感兴趣，她想加盟，而且还想带资进入。黄梅人听说这个消息当然很高兴，有杨俊的加盟，马上就能把他们剧团带上一个台阶。但是，看了《邢绣娘》的剧本后，杨俊犹豫了，那还不是她要的本子，她最终还是放弃了。没有特别好的戏，她宁肯不做，专业的人做专业的事，要表达，就要有价值，有所为，也要有所不为。

那段时间，哪个戏都不合适，她的焦虑和痛苦，在她的笔记里随处可见：

　　一切都停止了，仿佛我的呼吸也停止了一样。工作问题，事业问题，什么都没有进展，像个傻瓜整天在家闲着，人都没有生命了。我很烦，也不想与外人交流，如果这种状况持续不变的话，我可能就将忧郁下去。不曾拥有就无从奢望了，太多的感慨让我不解，是的，我是谁？

　　实在是没有想到工作安排是那么费劲，我充分做好了思想准备，想到此次进军武汉不同于我当年到黄冈。虽然如此，但无限期的等待还是让我始料不及，我以为我能被领导赏识，被大家认可。这番空耗的日子让我的呼吸都有些窒息，我努力使自己往好的方面去想，为自己鼓劲，希望每天的太阳都是为我而灿烂。但是，太阳如旧，心情如旧。

　　我要的岗位不是什么大不了的位置，难道是命运在考验我的耐力和毅力？时间不等人，我要尽快为自己重新唤起生命的活力而努力。

2011.5.3

我来到武汉三年，性格不急了，手中无权只能安排自己休息，静观一切，好好读书，每天为了不让自己虚度，看书充实自己才能心安去睡觉。我变得敏感而卑微，对别人的赞美和理解有点受宠若惊的感觉，希望自己平和放下，但要从灵魂中做到从容，真的要好好修炼。

2011.5.23

在没有太多演出之余，我还是想我们戏曲的生存状态，这种不死不活可有可无的现状无疑是慢性自杀，我真怕自己在这种土壤中消亡掉。传统既是财富又是负累，这是事实。但我们戏曲人的未来

意识决定了我们发展的方向。戏曲人有这种自觉吗？我看还没有，在没有太多未来追问下，戏曲人的生态只能听天由命，随波逐流。未来的市场当然是年轻人，这个消费人群是不能忽视的，而我们经常面对的是评委，评委文化是不能满足更大的真正消费人群的。

2011.7.4

我很憋屈，在想干事也能干成事甚至还干得不错的情况下，竟然还要如此委屈地掉泪。三年来，如果没有强大的自控力，没有强大的事业心，怎么可能有妹娃的出炉？气都气死了。真的，不是为了来省城有所作为，不是为了心爱的黄梅戏有点起色，我何苦委曲求全？

2011.8.5

一个城市要有文化名人，有了他们，这个城市就有了灵魂，艺术的发展也要靠名人，要有领军人物，要有有特点的名人，这对当地文化的传播起着重要作用。

也就是在这样的漂泊和蛰伏中，杨俊再一次接受了央视《戏苑百家》专访，创造了当时最高的收视率。事后，她在笔记中记下了感受：

人，都会静极思动，我也不例外。来武汉后，我无数次想象着在开场前和散场后独自站在舞台上是什么感觉。虽然离开聚光灯下已经几年之久，我仍时刻准备着开场前的期待和散场后的下一次期待。今天，我在《戏苑百家》栏目里，面对白燕升先生的采访，我心平气和地讲述了自己的所思所悟，不奢望从者如云，能演更好，没得演就感知爱和美吧。

多年后，好多观众或戏迷依然记得那一期节目，杨俊给人们留下了很深的印象。

上天没有给杨俊太舒适的环境。她也承认自己在获得所有荣誉和口碑之后，是茫然的，加上自己个性太强，这才导致了她的选择。这样的选择，就要有结果；这样的等待，也会有未来。这不，一个美丽的鄂西风情的妹娃便走来了。

6.妹娃要过河，哪个来推我

在漂泊着挣扎着的时间里，师父余笑予虽关注着她，却帮不了她。杨俊知道师父的情况，70多岁的老人，把大半辈子都给了戏剧，如今病痛缠身，力不能及。

就在杨俊努力地在一张无形的大网里挣扎着的时候，关注她的人除了戏迷，还有湖北省委宣传部和文化厅的领导们。从安徽背井离乡来到湖北，创造过湖北黄梅戏艺术高峰的杨俊不该没有戏演，不该一直这样被搁置，那是对优质资源的极大浪费。

2009年4月的一天，当时的湖北省委宣传部部长李春明接见了杨俊。

在李春明面前，杨俊讲述自己这些年的跌跌撞撞，感叹自己虽然行走在各大活动中，出席在各电视台中，看似风光，但那不是真实的自己，演员是要有自己作品的啊。几年了，已经蹉跎了几年啊。杨俊觉得自己掉进了棉花堆里，站不起来也看不见，想做事，又不知道怎么去做事，眼前明明有道门，可是孤身一人却怎么也推不开那扇门，融不进环境里去，茫然又困惑，无助亦难过。杨俊在讲那张心灵里的网，又像在倾谈自己无奈的时光。最后想说什么，她自己也不知道了。

事后，省委宣传部和文化厅便把杨俊及黄梅戏的事情提上了日程。李春明部长说，我们的指导思想，一是抢占鄂西文化高地，二是推动黄梅戏取得新的发展，我们要把黄梅戏温婉的唱腔与个性的土家文化自然叠加，创作出一台有湖北特色的鄂派黄梅戏。

有了这样的命题，省文化厅开始组织主创人员到恩施利川去采风，搜集素材，感受土家族的民族风情。他们选中了极富湖北特色的民歌，要把有鲜明地域特色的文化元素融入黄梅戏中，做出真正鄂派的黄梅戏。

一年多后，剧本有了雏形。

有了初步的意向和一点点苗头，很快也有了批示：拿在手上，放在心上，尽快立在舞台上。一柄尚方宝剑拿在手，事情的发展比以前好了太多。

杨俊接到这样的通知时，正在甘肃敦煌宾馆参加全国政协委员考察座谈会。她激动极了，这样为她量身打造一部戏，是她梦寐以求的事。她很感动，领导们那么忙，还要为一个剧种的发展，为一个正在困顿期的演员发展倾注心力。不得不说，杨俊是幸福的。那一刻，杨俊在敦煌甚至有点迷信了，敦煌是万佛列阵的地方，感谢佛意绵绵，她听到的消息对她来说是最好的慰藉和补偿。一下子仿佛空气都那么清新，她的魂，又一次活过来了。

请谁来当导演？

此时余笑予导演已经在重病中，当然不能再动用老人家。文化厅副厅长、剧作家沈虹光推荐了张曼君。

张曼君①导演的名字如今在剧坛也是如雷贯耳。

---

① 张曼君导演被业界称为有一双"点石成金"的手，许多演员通过她的"手"，获得各个奖项。她导演的代表作有黄梅戏《小乔初嫁》、秦腔《花儿声声》、评剧《红高粱》、川剧《欲海狂潮》、晋剧《大红灯笼》等，当然，也有黄梅戏《妹娃要过河》。

● 和张曼君导演在一起

　　《妹娃要过河》究竟在曼君导演的心里是什么位置呢？《妹娃要过河》对于杨俊来说又是什么样的位置呢？

　　多年后的2021年，杨俊从艺四十周年展演，演出完后，在杨俊表演研讨会上，张曼君导演说："在心灵当中，我是把她放在第一高的位置。我的心跟她是非常贴近的，我们之间无话不说。她在我的面前呈现出的那一派天真、纯真、知心，我每每回味起来，都感动不已……那天看见舞台上的妹娃，我就在想，当时决定接手这个戏，也非常地偶然，这一个偶然促成了我和她最直接的一种交往，两个想搞纯粹艺术的人的一种纯粹交往，在选材、音乐、戏剧结构及后来呈现的方方面面，我们俩几乎是亦步亦趋，互相提醒，互相支撑，最后互相证明。"

　　而当初的杨俊也没有想到，能与曼君导演一见如故，成为好朋友。她们互相懂得人生路上的艰难，曼君导演也是一路坎坷走过来的。她们彼此懂得女人们绵长的情思，那是女人生命的点缀，虽然少，也很好，宁缺毋滥。她们互相懂得艺术之路的追寻，对戏曲或者她们将要付出的舞台剧，是严谨的，是严苛的。她们梦想着能摘取艺术皇冠上的珠花，所以懂得先得承其重，她们背负的比平常人要多。她们互相关照和观照，曼君导演会对杨俊说，妹娃该出新戏了。

这部新戏的剧名是张曼君导演叫出来的，她曾经看过一本小说《妹娃要过河》，是著名作家叶梅的作品。著名评论家李建军这样评价叶梅这部小说："叶梅的目光几乎从来就没有离开过她所熟悉的大巴山，几乎所有作品的叙事焦点都集中在大山里的土家人身上。她写土司制度的变革与终结，写外乡人与土家人的文化冲突与和解，故事忧伤而沉重，包含着强烈的情感冲突和尖锐的道德主题。叶梅的小说展示了一个奇异的世界，它遥远而神秘，充满山鬼的气息。叶梅总是将人物置放到严峻的考验情境里，让他们在极其痛苦的选择中，显示出非凡的力量和过人的勇气。叶梅写女性，充满了强烈的悲剧感。"

曼君导演的阅读量非常大，不仅仅是想到了这个书名作为她的戏名，而且叶梅小说的某些特质也影响了她。

这部戏，是很难的，利川民歌和黄梅戏在音乐上，都是风格强势的东西，怎么把它们捏在一起，是个相当难的难题。而故事如何走向和构架，如何表现土家族风情，这也都不容易。

曼君导演带着主创们几易其稿。

戏曲，有戏有曲，但遇到作曲徐志远，就有点不打不相识了。徐志远与杨俊是老相识，已经有过几次合作，可与曼君导演却是初相识。开始的时候，徐志远是几乎无法下手的，曼君导演就"压榨"他，闹得连杨俊也不好调和。到不可开交的时候，徐志远甚至想过撂挑子不干了。为了这部戏，编剧导演演员及其他几个主创经常在一起吵架，把问题摆在桌面上，却越吵越近。吵出了独立人格的友谊，也吵出了一个美得特别简单的戏（详情见卷三《艺之魅》）。

再说杨俊自己，确实不年轻了，这个时候的她，几年的光环耀眼，几年的蛰伏沉寂，消磨了多少岁月。她已经四十七八了，无论如何不是豆蔻初开时候，可她却要演十七八岁的阿朵。她自己心里也在打鼓。但曼君导演强烈地认为杨俊能行，曼君导演从来就没有想过让杨俊演中年女人，她看中杨俊的少女特质。杨俊珍惜自己这次机会，她拿出所有的时间和能力，她调动自身所有元素去克服困难。她说："这出新戏是对我能力的挤压，使我无法凭经验、凭常态诠释这个角色，那段时间，我的生活简单到除了排戏，就是睡觉，早出晚归，一天三班，累得话都不想说。真是受罪啊，每天还要寻找人物、设计形体，这么多双眼盯着呢，只能做到比别人想的还要好才行。"到后来，看到海报上漂亮的杨俊，再看到她舞台上美美的样子，观众和戏迷都醉了，不由得佩服杨俊对舞台的把控能力以及她对艺术的领悟，同时也佩服曼君导演的眼光。

慢慢地排练着，人物在杨俊心里越来越清晰，她心里有了一条河，实在的河，一条漂荡龙船的河。长在身体里的黄梅戏像河一样波浪起伏，卷起千堆雪。她采访过的老艺人的唱和民间形象，以及文化意味，还有利川民歌的元素，也都像河一样在她身体里涌动。她知道，她快要蜕变出来了。

首演的那天，杨俊的好朋友、领导、戏迷都来了，他们牵挂的杨俊在七年的磨砺之后，终于又站在了舞台上。章华荣来了，曾经的文化局局长徐长松来了，好朋友马兰来了，主持人白燕升来了，好搭档张辉来了，还带来了庞大的后援团，她曾经的伙伴湖北省黄梅戏剧团的人几乎全来了。还有那些等待了太久的戏迷们，从全国各地赶过来。这么多人见证了杨俊离开舞台七年后的重新绽放。

开场后，杨俊是从高高的吊脚楼上走下来的，她出场前有一场情景的营造，姑娘小伙跳着"女儿会"的舞蹈，那种男女求爱的氛围营造得足足的，然后，杨俊，不，应该是土家寨主的女儿阿朵，唱着《龙船调》

从楼梯上走下来。

站在吊脚楼上那一刻，现场安静得如春山净空，泉水低徊。

好朋友马兰说，美死了。

章华荣也在现场，他用了一句诗："千呼万唤始出来啊。"

还记得吗？章华荣先生第一次去电影院找杨俊，就曾经用过这句诗——千呼万唤始出来，这个世界总是在某个时刻，宿命般地唤起生命的神秘记忆。

这个千呼万唤，是杨俊用七年时间打磨出来的。那一刻，她有点走神了，从吊脚楼上走下来，有点想哭。七年等待，只为妹娃，妹娃就是她生命洪荒里的一颗芽，一滴雨，两者相遇开始凶猛生长。

后来，章华荣先生说，我一直在琢磨鄂派黄梅戏到底是什么，我想，这个戏就是鲜明的湖北特色，也许我们要搞的鄂派黄梅戏就是这个样子。

这部戏一经上演，就开始风靡。半年时间，《妹娃要过河》参加了几项大的活动。2012 年 6 月，是湖北省委宣传部、省文化厅在香港举办的"湖北舞台精品演出周"。9 月，湖北省政府主办、文化厅承办、文化部艺术司支持的首届湖北艺术节在武汉召开，《妹娃要过河》参评，获得第一届湖北艺术节暨第十届"楚天文华大奖"，杨俊获得第一届湖北艺术节"楚天文华大奖表演奖"。10 月，为庆祝中国共产党第十八次全国代表大会胜利召开，《妹娃要过河》赴京在天桥剧场上演。2013 年，《妹娃要过河》参加第十届中国艺术节，荣获第 14 届"文华奖优秀剧目奖"。杨俊时隔 16 年后，再次获得"文华大奖表演奖"。同年，《妹娃要过河》荣获国家舞台艺术精品工程年度资助项目。

舞台剧出来后，不长时间，电影《妹娃要过河》就由湖北省委宣传部、省文化厅、省广播电影电视局、省演艺集团有限责任公司、省电影发行放映总公司、湖北华语广电传媒有限公司、武汉荣观文化传播有限公司、奥山影视文化有限公司等联合摄制出品上映。

● 《妹娃要过河》千呼万唤始出来

2016 年 10 月 9 日，第三届"旧金山国际新概念电影节"在旧金山市中心的 Herbster 剧院举行颁奖典礼，黄梅戏电影《妹娃要过河》荣获"最佳歌舞（戏曲）电影片"奖。据悉，这是国际电影节首次为中国"戏曲电影"这一独特的电影门类专设奖项①。

---

① 美国"旧金山国际新概念电影节"是由美国联邦政府批准的非营利组织，是全世界电影和电视的重要发源地之一，电影节为来自世界各地的优秀电影人提供了一个一年一度的聚会平台，为共同促进未来电影的新发展开拓思路，也为发现优秀电影后备人才提供机会，为电影发展不断提供新鲜血液。本届电影节的参赛作品来自中国、美国、德国、日本、韩国、巴西以及哈萨克斯坦等几十个国家，参赛的作品都是原创，形式包含故事片、纪录片、动画片、音乐短片、文学剧本、剧情长篇以及戏曲片等，此次电影节中国电影最受欢迎。

2016年11月1日至8日，黄梅戏电影《妹娃要过河》荣获加拿大欧亚国际电影节"最佳歌舞电影片"大奖①。

《妹娃要过河》的探索成功了，不论是舞台剧还是电影，都取得了一定的辉煌。人们用几个字评价它：太黄梅了，太湖北了。这是黄梅戏这个剧种的重大收获。

在杨俊从艺四十周年表演艺术研讨会上，张曼君导演说：

　　杨俊是积攒着所有的热情、热爱、纯真、天赋、才情，在这个时间段，迸发出来的一个最绚烂、最值得打量、最值得沉淀，甚至值得"把玩"的一个成品。十年后看她仍然从吊脚楼上走过，美还是美，我看得出这里面多了一些沉重的气质，美得有几分沉重。她清醒地在接受十年前的这种创造的初衷，走到今天，她呈现出来的某些沉思、某些重量，恰恰是在这个人物身上有机地找到了一种融合。"鄂派黄梅"这个词好像是在《妹娃要过河》首演的新闻发布会上，我首先"乱说"的。说了之后我也愣了几分钟，从《妹娃要过河》这样的一个剧目中，可以看到一个地域给予文化的滋养，一个地域的某些民族的特点。看十年前的自己，再看现在的杨俊，其实她帮我完善了、完成了一名导演对一个剧目所有的寄托和想法，当然也承载了所谓"鄂派黄梅"能否走得开、传出去、传下去的一种可能。那么，怎么守住这打出来的一片天地，同时让所谓的"鄂派黄梅"真的走得开，再传得下去，她身上的重担和重托也是显而易见的……

---

① 该电影节由加拿大 BC 省政府和加拿大欧亚国际电影节有限公司共同举办。主要关注欧亚地区文艺电影的发展，致力于打造欧亚地区文艺电影交流平台。加拿大总理贾斯廷·特鲁多先生及加拿大 BC 省省长简慧之女士都为欧亚国际电影节发来了贺信，中国驻温哥华总领事馆、伊朗电影协会等协办支持了该电影节。本届电影节共 58 部各国电影参加，经过以法国著名导演吕克·贝松先生为主席的评审团评审，其中有 12 部影片获得 11 项大奖。

曼君导演第一次叫出了鄂派黄梅，从此，这个带有浓重的地域特色的戏，就有了鲜明的旗帜，这是黄梅戏历史的重点时刻，值得铭记。

就在这部戏不断的演出当中，杨俊完成了自己的设想，也完成了很多人的期望，那就是鄂派黄梅戏的诞生。同时，杨俊的艺术和思想都有了极大的飞升。她的身和心已获得了艺术上的极大自由，如果说当年刚来湖北时的《天仙配》还是她在必然王国的徜徉，那么，到《妹娃要过河》时，她已经过渡到自由王国的行走。从必然王国到自由王国，就是一个艺术家走向成熟的标志。

"江城五月落梅花"，美丽的江城，用这样的方式，用一部《妹娃要过河》永久性地把戏曲花园中的这朵梅花，宿命般地留在了长江与汉江交汇之处。

7.在其位，谋其政

2013 年 6 月 6 日，杨俊正式成为湖北省戏曲艺术剧院院长。

一院之长，她肩上的担子更重了。

她不再只是在黄梅戏领域深耕，她得负责三个剧种的发展。湖北省戏曲艺术剧院下设三个团：汉剧团、楚剧团、黄梅戏剧团。

省演艺集团领导找她谈话时，她是忐忑的，这个担子重，而且剧院情况很复杂，而她早已丧失了当初来武汉时要大干一番的气势和热情。但是上级的诚意不能不接受，她的心里在打鼓。这个时候，好朋友对她说了一句话：抱着必死的决心活着，人生本来就是如此，何况再怎么着咱还是个艺术家。是啊，人都是向死而生的，再怎么干不好，咱不还是一个艺术家吗？咱还有一身技艺在身，还可以独自无负担地走向自己的舞台，不是吗？于是，她不再彷徨。

走马上任。

剧院的情况，她是知道的，毕竟来到此地已经差不多五年了。她知道这里人才奇缺，她知道这里没有演出场所，她知道人们活着却不知道前方有什么，是那么迷茫，她还知道，这里需要不同的政策来对待，才能做到共同前行。

知道做什么，那就一步一步来吧，一年不行，两年，两年不行，那就三五年，终归会有成果的。

她在黄冈的时候，想的就是发展的事儿，现在当然也要做发展的事儿。

她给三个团制订了不同的战略目标。

她把楚剧作为龙头，汉剧和黄梅戏作为两翼。

汉剧，武汉市地方戏剧，汉族传统戏曲剧种之一。曾经的表演区域远及豫、川、陕、湘、粤、皖、赣、闽、黔、晋等省的部分地区。汉剧传统剧目就有660余个，唱腔优美，对白雅致，文本大气。而京剧的形成也与汉剧有莫大的关系。此外，汉剧还对黄梅戏的形成有影响。那就让汉剧团保留它的传统特色，尽快恢复传统剧目，这是让传统活态地生存在生活中，也即存活在生活的博物馆里，而不是真正地成为遗产。这是一个很好的举措，最近，有专家撰文《恢复传统戏曲比新编戏更重要》，这也说出了当今有识人士的思考，而杨俊已经在做这样的工作。

楚剧，是湖北省地方传统戏剧，主要流行于武汉、孝感、黄冈、荆州、咸宁、黄石等地市四十余县。题材广泛，通俗易懂，乡土气息浓厚。在"新剧种运动"中，成为深受观众喜爱的剧种。有相当深的群众基础。是地方戏重点剧，成为国家级非遗（楚剧）项目。那就让楚剧在保留一些传统剧目的基础上，再创排一些新戏，目前已有两部国家艺术基金支持的剧目《犟妈》和《大哥大嫂》。这更是奠定了楚剧在院里和省里的龙头地位。楚剧新戏《淬火》也已经建组，正在承担新的使命。

黄梅戏，是杨俊的老本行，相对来说，这个团比较弱，那就需要有剧目，有人才。演出效果是不担心的，杨俊刚上任之初，有《妹娃要过河》，也在第十届艺术节上取得了很好的效果。只要再排新戏，以戏带人，未来可期。2017年，她亲自带队，送黄梅戏演员程丞出征参加"梅花奖"之战。之前，她手把手帮程丞排练《罗帕记》。终于，程

丞如愿拿到了第 28 届"梅花奖",成为湖北省继杨俊、张辉之后第三位获得梅花奖的黄梅戏演员。

三个剧种,三个思路,实现思路不同,却是同质地发展。如同蝴蝶一样,有躯干有双翼,飞得稳,飞得美。

杨俊在任上做得最令人关注的一件事,是已经落成并投入使用的新的湖北省戏曲艺术剧院演出中心。这个演出中心集演、排、工作、生活、休闲等为一体,是武汉市民最重要的文化场所之一。

新的剧院演出中心就在起义门对面,隔着一条立交桥,这里环境相对幽静,东边有武昌火车站,既交通便利,又有文化气息。关于当初的选址问题,杨俊坚定地认为戏曲不能脱离观众,不能贪图大和安

静，还要考虑到市民的看戏需求和交通便捷，因此，这所演出中心就规划在现址了。站在起义门的城楼上，就可以看到演出中心高贵典雅地矗立着，我们可以畅想，观众们到这里看杨俊的《妹娃要过河》或《天仙配》时的情景，还可以看到汉剧和楚剧的风采，听到武汉"戏码头"的铿锵之声。

新建的大楼旁边就是他们现在的工作场所，是借用一所废弃的小学。在没有这个小学之前，他们就在工棚里办公。小学里的楼房还是六十年代的样子，房间窄小，很简陋。汉剧团在另一条街上，那条街窄得放不下车，院里更是停满了车，五十年代建起的永芳戏楼已很陈旧。他们的排练场已经漏雨，无法再修，院子里长满了青苔，绿色总是养眼的，可

这青苔适合写诗，却不适合生活。他们的总部办公室就在黄鹤戏楼后面，虽然内部整修过，却还是会漏雨。办公楼前的黄鹤戏楼，一样是个旧剧场，旧时宾客盈门，可现在它在一个逼仄的巷子里，再演出时，人们多就不方便了。

曾经的杨俊就这样奔波在三个办公场所之间。

这样的栖息的地方，虽然都藏身在黄鹤楼下，都有着"孤帆远影碧空尽"的文学之韵，却没有时代气息，没有琉璃光影，没有浓墨重彩的炫目空间，无法与"戏码头"这样的戏曲重镇相匹配。狭窄的环境，不宽裕的生活，不自信的人生，这难以留住人。

问起当时的情况，杨俊说，她不能眼看着从事文艺工作的人就这样将就着，没有家没有场所。她下定决心，他们，必须有自己的家，有自己表达的阵地。

她想通了，就用自己的方式方法去解决。她是人大代表，每年提交建议的同时，会写好给省委领导的信，言辞恳切，讲明他们面临的现状，讲明戏曲所承担的使命和一路跋涉的艰辛。一年年地写，一年年满怀希望地写，终于写道第三年时，省委书记来了，看到了这个剧院的真实状况，马上拍板要建一所新的演出场所，霎时，全院人悲喜交加。

有了念头，还要有落实。杨俊不敢等待，她去找相关领导，一遍一遍地磨，她把领导们带到他们的剧院来实地了解情况。只要有机会，总不忘诉说他们的难处。众所周知，基建项目不是一般人能拿下来的，也不是一个文艺团体可以解决或面对的，她还是做到了。让一个美丽的艺术家每天局限于这样的事务中，是一种极大的浪费，好在，各级领导和各部门是理解这样一个艺术家的，都用行动支持她。

这个项目进入了《湖北省"十三五"时期文化发展规划》，成为其中的公共文化体系建设工程，成为《湖北省振兴戏曲五年计划（2016—2020年）》《振兴武汉戏剧大码头》重点项目。

武汉戏码头重镇需要这样一座文化标志性建筑。

进入建设就容易了吗？也不尽然，还要协调各方关系，大到上层建筑，下到社区街头，教育、工业、环保、交通、拆迁……与左邻右舍的关系等等，从省直到武汉市再到武昌区，剧院为此成立了班子，不是她跑就是书记去跑，所有的地方都需要协调。可她的朋友圈或笔记中，并没有为此说过一声委屈。

她知道自己在做什么。

我不知道她怎么度过这些年的。是的，从2015年到2021年落成，不论她还能为这个剧院服务几年，总是有这样一座城市建筑，记录着她辉煌的人生轨迹。

这不仅仅是一座建筑，它承载着这个剧院所有人的梦，承载着汉剧、楚剧、黄梅戏三个剧种站在戏码头的位置和尊严，从而也影响着武汉的文化氛围和文化发展，是一项事关国计民生几十年（假设一座建筑有几十年的有效生命）的工程。她完成了几代人的梦想。

全院人都知道这个分量，他们常常调侃说，一定要在剧院前为杨院长立一座塑像。杨俊听了，笑了，笑得那么美，她知道她并不需要这样的塑像，她更愿意自己塑造的舞台角色永远被人们铭记。说起这个的时候，她竟然拘谨得像一个小女孩刚得奖状一样，既喜悦又羞涩。

她给了全院人一个家，她给了武汉喜欢传统文化的市民一个文化归宿和精神归宿。

她上任伊始还做了一件事，她以剧院定向班的名义招生，招来了158名学员，她在储备力量，她想在院长的位置上留给武汉地方戏曲一个很好的未来。

2016年，通过努力，省委宣传部和省教育厅、省文化厅联合下发《关于做好湖北艺术职业学院定向招生工作的通知》，从全省小学毕业生中，为省戏曲艺术剧院招收楚剧、汉剧、黄梅戏表演和演奏学员，委托湖北艺术职业学院按照七年培养期（5+2中职、高职模式）定向培养。官方身份有了，也即他们有了保障。

起初有了这样的招生方向后，他们是一头扎向各个乡镇去的，整整跑了2800多个乡镇，从几十万小学毕业生中挑人。杨俊带头亲自挑选。说起来真是哭笑不得，他们去学校的时候，总是要散发点宣传广告单，晚上还要聚集在一起讨论，这样的情况经常被认作是搞传销的，他们还得费些口舌去解释。两个多月，真是跑坏了轮胎，磨破了嘴皮。不过，每个人还是乐在其中的。尽管过程很难，如今回味倒是很骄傲的，那一届的生源那是真正地好。

未来可期。

七年，免费，艺术职业学院的文凭，这对于乡村的孩子们还是有吸引力的，加上杨俊的名气，很快，名额就满了。

培训开始。

在招生之前，剧院就和艺术职业学院确立了共建关系，剧院派出有责任的老师担任班主任，和艺术职业学院共同聘请有经验有能力的老师培养这批学生。

老师们教他们基本的戏曲知识，也教他们练基本功。汉剧团、楚剧团和黄梅戏剧团的知名艺术家都要给孩子们代课。这些孩子平时就在艺术职业学院上学，每年的寒暑假还可以到剧院来苦练。每个假期，杨俊还要带队对学生的学习情况进行观摩指导，看到问题，提出问题，制订下一个阶段的学习文案。

每次检验完孩子的学习情况，杨俊都要激动半天，忍不住在朋友圈"炫耀"一阵，她仿佛看到这些孩子已经能站在舞台上演出传统的戏曲剧目给观众们看。这样的激动已经过去了五年，她的热情依然不减。

现在我们说起来，也就是几句话的事儿，可日子是一天一天过来的。

翻到 2017 年 6 月 29 日这一天，她在笔记上记下这些事：

　　1.检查合同履行情况如何，对不适合的学生要说清楚如何安排如何处理。
　　2.对不称职的老师要进行教学调整。
　　3.老师流动性太大，汉剧班已经换了 8 次，延续性不够，老师队伍要稳定。
　　4.武戏要求要更高一些，所以教学老师就更重要。
　　5.男生 B 组因为老师更换，成绩下滑了。
　　6.安全监控是摆设，丢东西、偷东西事件时有发生。
　　7.医疗方面，病了没人管。
　　8.住宿条件差，饮食安全跟不上。
　　9.乐队课时不够，需要增加一名老师。
　　10.教学还要育人，教给孩子们规矩。
　　11.为培养兴趣，以后要增加观摩演出机会。

　　条条款款，事无巨细，真是操碎了心。哪一项能不管呢？带过孩子的人都知道，要让孩子不走弯路，还要养育成人，成为对社会有用的人，真是一个复杂的过程，说是战战兢兢，一点不为过。
　　好在，五年过去了，还有两年，这 158 个孩子就要走进剧院，成为湖北地方戏曲的一分子，在舞台上锻造他们的青春。
　　杨俊爱这些孩子们，她自己没有孩子，就把他们当成自己的孩子去培养。但愿这些孩子们长大了，担当起戏曲发展的重任了，还能记得他们的杨妈妈。
　　在杨俊从艺四十周年展演中，60 个孩子在台上举着传承的大旗，为杨俊配演时，她的激动简直难以用语言形容。她忍不住想哭。看到这些孩子们她真是又激动又骄傲。

担任院长第九个年头了，她有许多思考。

深深感受到压力和无望，企业性质，不能像省直事业单位那样有保障，这就带来了忧患和思考："面向老百姓是赚不到钱的，面向市场也是赚不到钱的，我们的社会效益一直都好，但经济效益从我唱戏以来就很少能赚到能养活演职员工生活的数目"。是啊，不是事业单位，没有那一层保障，更让人没有安全感，也让掌门人的责任变得更大。文化体制改革许多年了，对于改革的成效还在探索的路上。对于改革的结果，我想，关涉到每一个院团的生存，也关涉到传统文化的去留，它的作用也许得尘埃落定才能有定论，而生存于其中的人，只能自己煎熬。是的，煎熬，多年的调查告诉我，多数人在煎熬，煎熬中的人怎么能提供让时代更满意的作品呢？

人才资源有，但人才贡献率不高，人才队伍的综合实力还无法适应新型科学人才的能力要求。人才环境还需进一步培养和优化，追求高学历、轻能力的现象还存在。把人才引进仕途也是遏制了专业人才的发展。培养应用型、适用型人才，这对可持续发展是有必要的。

她因为人大代表的关系，能站在高位上考虑问题。她也有亲身实践。在一次采访中，会议上她说：

我是改革开放成果的享受者，我记得二十年前我从安徽到湖北来发展，至今我都认为我的选择没有错，尽管当时背负着不讲良心和道德的名声，但我义无反顾从省城合肥跑到大别山老区黄冈，一待就是十九年零六个月，2009年才调到武汉工作。我至今都不认为自己是什么人才，但湖北人民始终把我当作人才来培养来尊重，让我这二十年来充分了解到事业留人，情感留人，更重要的是人的生态环境对我的吸引。二十年前的黄冈虽穷，但它提供了创业的平台，给我铺平了创业道路，为我遮挡了专业人员不擅长面对的人和事，让我想干事又干成了事。但同时我也感受到了引进人才、留住人才、发挥人才优势必须从机制入手，给予保证，制定出一系列与新时期相匹配的政策来推动人才的良性发展尤为迫切和重要。不能造成热情地引进、习以为常地面对，到无所谓对待的局面，不要让引进的人才有被冷落、被抛弃的感觉。往往情感留人、环境留人比金钱留人更重要。我的体会是，真正想干点事的人更注重环境和团队精神。对引进的人才要树立他们主人翁的精神，要培养他们的责任感和敢于担当的品质，给予他们一定的话语权，不要让专业人员在创业前行的道路上跌跌撞撞，不能让他们的创业激情和智慧都消磨在无法自主的痛苦中。

作为院长，她考虑的一直是人才，引进人才留住人才，这是戏曲业界很不好解决的问题，她也在当院长期间慢慢实践。

事实上，她说，她是没想到自己有管理才能的，更没想到她能做地方戏曲的掌门人，她感谢这个时代。她也在反思，以后还是让管理专业的人做管理的事，让艺术人才做艺术的事，这才是资源的合理配置。

2008 年 2 月 24 日，杨俊当选为全国政协委员。她在笔记中记下了这个日子以及这个日子的特殊心情：

特别激动，特别感动，也特别地不知所措。这次当选全国政协委员，荣誉太重，我一定履行好一位委员的职责，认真学习，不断提高参政议政的能力，不辜负大家对我的期望，请相信我。我是文艺界的，当然很关心文艺体制改革的问题，创新也好，繁荣也好，我想，只有把握时代脉搏，反映时代精神，贴近现实生活，引领人民思想的文化作品，才能始终赢得人民。

做了政协委员后，她才体验到履行职责很不容易。就说做提案吧，"做一个优秀提案确实需要投入大量的人力、物力、财力，还有部门配合问题，如果是委员独立完成，可以说困难重重。"她知道不容易，同时也知道自己的优势在哪里，"借助黄冈农工党的党派优势、社会优势，将提案做下去。"她知道借势去完成她的职责。

参加每年的两会，她都会记下她的心情以及感受。

学习老委员对社会民生民情那份使命感，学习他们认真调查研究和务实的工作作风，总之，要学习的很多，开会的过程也是学习的过程，我很珍惜。

听到总书记的讲话，感觉特别亲切，原因是我听得懂，说的点点滴滴都是我们在实践中和工作中的人和事，所思所想，非常精准，非常有针对性。特别是讲到文艺工作者是一支可亲可敬大有作为的队伍，是一支党和人民完全可以信赖的队伍，我特别感动。感动之余，我反问自己，我们应该怎么做事，才能不辜负这番嘱咐和希望？要从我做起，脚踏实地，沉下来为老百姓奉献喜闻乐见的作品，放下追名逐利的心，用纯粹的艺术良心，为文艺事业做实事。

两份报告，言简意赅，非常平实地、实事求是地表达了人民政协在五年中所做的工作。政协工作虽然没有轰轰烈烈震撼的冲击力，但政协工作有润物细无声的感染力，我觉得这很像政协工作的个性和特质，所以，对这两份报告我是满怀敬意的，也是由衷感动的。

政府报告讲到问题时，没有躲躲闪闪，对突出问题和面临的社会压力，都没有回避，而是有清醒的认识和理性的面对。

她也提建议：

所以希望政协能制订一个可操作性的方案，对独立调查研究工作能有参考价值，有利于优秀提案不断产生。

她也有感悟：

我们政协委员如何履行自己的职责，如何发挥优势建言献策，如何做到围绕中心，服务大局，站在全局的高度，提出有价值的提案，是留在脑子里要思考要消化的永恒课题，我想这种思考和学习是终身的。

我想讲的是，文化建设和文化创新的推进与我国经济建设蓬勃发展的速度是不能同日而语的，相比较是滞后的，这里有进一步解放思想的问题，也有如何走的问题。就拿基层院团来讲，改革开放30年来，文化体制改革，一直都没有找出一个切实可行实际有效而且取得大家一致共识的方案出来，为什么？因为专业院团多多少少都有政府拨款，长期睡在财政怀抱里，既吃不饱，也饿不死，计划体制还根深蒂固存在思想中不能自拔，这种依赖的惯性都是导致迈向健康发展的地雷。但有一个现象不可忽视，只要举办什么艺术节、文化节，各级领导又不惜一切代价，几百万上千万地投入，至于剧团是否可持续发展，以及工作常态和生活状态是不太关心的。这就导致剧团和其他文化部门都变得十分功利和现实，一切冲奖，拿到奖就万事大吉，至于作品能否有市场，能否收回投入成本，能

否走进人心都是关注不到的。这样的现状不遏制的话，我们文化从业者谁还为老百姓写戏，谁还把老百姓对传统文化的真正需求放在心上。所以说，继续解放思想，正确树立政绩观，对我们文化创新、文化健康发展，对进一步深化文化体制改革是大有好处的。不要虚假繁荣，而要真正发展。

文化大发展、大繁荣不能仅仅追求物质上的成果，不能说演出场馆、舞台、布景等设施越来越高级就是文化越来越繁荣，实际上我们的艺术家，我们的艺术创造者才是文化大发展大繁荣最重要的因素。

　　她是文艺界的，她是戏曲界的，她是一个戏曲工作者，她记得她的戏，记得她的黄梅，所以她在履行职责的过程中，也始终是从这个方向着手的。正是因为她在政协会上所见所识都不同，她的建议或提案也不再是局限于她的小范围，而是从局部看整体，从个体看共性，上升到了文化高度。她想到了文化大发展大繁荣。而这样的履行职责的过程，让她从另一个方面成长，这样也相辅相成地作用于她的艺术创造和艺术思考中。

　　这是湖北黄梅戏的幸运，也是湖北戏曲的幸运。

　　从2008年当选全国政协委员这五年间，杨俊所交提案涉及很多方面，诸如文化、经济、米袋子、菜篮子，不一而足。

　　2013年1月28日，杨俊高票当选全国人大代表。

　　同样，她在笔记里也记下了这时的心情。

我是上届全国政协委员、这届全国人大代表，这次换届我第一时间的感受是舍不得政协氛围，毋庸置疑，政协是专业人士居多的地方，敢于直言，敢于直抒胸怀，是政协这个环境给我最直接的行动，舍不得是因为政协这五年的学习，让我提高了理论知识，拓宽了我看问题的视野。

　　当得知我被选上全国人大代表的那一刻，我有点欣慰，也有点骄傲，但瞬间就过去了，更多的是对自己的追问，我能否做好一名人大代表？相比较，我充其量就是一个态度比较端正、求知欲有点高涨的学生，做好人大代表我还要继续学习，继续努力才行。

　　她的笔记没有了她平时面对观众的豁达，没有了面对同事的正经，就像小女孩一样可爱，看她的笔记，有时候好像都能看到她吐舌头的小表情。

　　她当人大代表期间，做了一些议案，当然也不会脱离她日夜为之奋战的戏曲或更大范围的传统文化。

　　2015 年 3 月 4 日，赴京参加两会，她接受《人民日报》采访，说道：

　　2013 年，我当上了湖北戏曲艺术剧院的院长。本以为，当院长会很轻松、很高兴，但全然不是那么回事。这个院长，当得压力大啊！

　　压力来自多方面。首先我要负责那么多员工的生计问题，地方戏本就不是赚钱的行当，员工的待遇上不去，我的心理负担很重。更让人喘不过气来的，是戏曲的没落。我心头一直有个疑问：如何把传统戏和百姓需求结合起来，让这些文化遗产活化传承？这个"老大难"问题，常常让我有无力感。过去的一年，我这个演员"转行"成了"调研员"，东跑西走。我觉得，作为一名人大代表，我有义务、有责任为地方戏曲做点事情。我不信传统戏曲传承不下去！

　　我在调研中发现，单纯依靠市场，难以保护和传承地方戏曲。转企改制绝不是把艺术院团向市场一推了之，而应打造能够从容应对市场竞争的文化生力军。今年，我提出了《关于组建湖北地方戏曲研究院的建议》，地方戏曲的生存与发展，不仅需要政府的切实保护和扶持，还要营造出适于地方戏曲各剧种生存发展的文化生态。只有在政府、院团与社会大众的共同努力下，传统戏曲才能走出困境，健康发展。

　　这是她履行职责的角度和方法，是从实际出发的，也是可操作性很强的，她忧虑的是戏曲的未来。

　　她设身处地地考虑改制院团的生存。

　　"财税扶持、养老保险、人员安置等转企改制扶持政策和措施没有完全落实到位，致使转企改制地方戏曲院团生存问题比较大，处于比较尴尬的境况。政府对小众的戏曲艺术要'扶一程送一程'，加大经费投入，增强改制剧院生存资本，让地方戏曲也有春天。"杨俊说，改制以前国有院团演职员工是事业编制，工资、福利有保障。改制后，院团员工在事业、企业两种身份中感到摇摆不定：如按企业职工身份定位，广大在职职工、退休职工的"五险一金"没有完全到位，沉重的医疗费用就压得单位喘不过气来；因身份已转成企业，其他事业单位加薪，转企的员工又因身份已变无法加薪。地方戏曲院团转企改制后，财政拨款收入没有增加还略有减少，再加上经营状况不佳，大多数院团连演职员工的工资都发不出来，"还谈何进行扩大再生产，把文化产业做大做强"。人民群众文化消费方式呈现多样化和市场化特点，消费方式的转变使得舞台表演艺术有效消费需求不足，"院团演出市场被现代文化消费方式严重挤压，生存空间大大缩小"，改制院团的生存发展极为艰难。

对此，杨俊代表建议，进一步落实转企改制院团改革发展的各项配套政策，政府要加大对转企改制文艺院团扶持力度，特别是地方戏曲后备人才的培养。只有在政府、院团与社会大众共同努力下，地方戏曲才能走出困境。

（据人民网）

她早就看到了改制后院团的危机，从 2015 年开始，就已经在呼吁了，只是到目前为止，改制还在进行中，日后将会如何，我们只能慢慢等待。

2017 年 3 月，又是一年一度的两会。杨俊接受《中国文化报》采访，她谈到的多是传统文化的地位与弘扬传统文化的努力：

无论是耳濡目染，还是言传身教，它已融入我们民族的基因序列，由优秀传统文化淬炼出的精神、气质与底蕴一直延续在一代代中国人的血脉中。每次去国外演出，都会加强我的民族文化认同感，我会在国际场合选择有强烈中华文化标识的衣着，并为之自豪。

连续几年，我不断提出把传统戏剧纳入学校的教育体系、加大传统戏曲人才建设、加大戏曲进校园的力度与范围等建议。如今在湖北武汉，戏曲进小学、中学校园已达 90% 以上。更可喜的是，越来越多的学校主动要求增加戏曲在教学内容中的比重与频次。楚剧、汉剧、黄梅戏，在武汉青少年心中早已生根，渐至茁壮。

2020 年 3 月，两会期间，杨俊提交《关于建立健全国有改制文艺院团保障体系以深化国有文艺院团改革的建议》。

她在建议中指出，我国国有文艺院团经历了三个阶段的体制改革。

第一个阶段是 1980—1992 年，第二个阶段是 1992—2002 年，第三个阶段是 2003 年至今。第三个阶段的改革主要是以文艺院团转企改制，以集团化发展为主要途径，以建立现代企业制度、增强国有文艺院团市场竞争能力为主要目标。她表示，国有文艺院团第三个阶段改革激发了艺术生产力，增强了市场竞争力，取得了一定的成绩。目前，第三个阶段的文艺院团体制改革还处在探索和实施阶段。总的来看，通过三个阶段的改革，全国文艺院团普遍还存在着各地政策保障体系不统一、资源配置不均衡的问题，导致许多改制文艺院团生存困难。目前一部分院团仍然保留事业性质，或改制后通过深化改革，基本经费获得保障。另有相当一部分文艺院团则彻底改制为企业，基本保障严重不足。此外，基本保障不足、扶持力度不大和市场环境的制约等外部因素，以及资源配置的先天不足，客观上造成国有院团经济基础薄弱，无法通过现代企业制度的建立和运营，实现自我造血、增强实力、良性循环，面临着人才流失严重、艺术人才队伍不稳、事业难以为继等严重问题。针对部分国有改制文艺院团存在的困难局面，杨俊建议，党和政府高度重视国有文艺院团深化改革问题，将其纳入国家深化改革工作的议事日程，深入系统调研，科学顶层设计，完善体制机制，强力推动实施。具体而言，就是要充分认识和进一步明确国有文艺院团的公益属性定位，在此基础上，加快建立与社会效益放在首位相适应的国有文艺院团保障体系。"国有改制文艺院团虽然性质上转为企业，但其承担的社会职责并没有改变。因此，政府职能部门在关心、指导、支持国有改制文艺院团的发展上也应进一步明确舞台艺术的多重属性，不能仅仅以市场经济的规律来看待国有文艺院团的发展。"她说。为此，她提出以下三点具体举措：

一、对国有改制文艺院团比照公益一类事业单位，给予基本的人员经费保障，消除"企事差"，弥补国有改制院团在人员工资、五险一金、运行经费等方面的经费缺口，以提高职工薪酬待遇，提升艺术工作者的获得感、幸福感，稳定艺术人才队伍；

二、进一步优化政府购买服务，加大政府购买力量，创新政府购买方式，提高项目扶持力度，建立健全文艺创作生产资助体系，以增强舞台艺术作品的市场竞争力，推动更多健康向上的舞台艺术作品面向市场、走向大众，真正起到"陶冶情操、启迪心智、引领风尚"的作用；

三、加快健全捐资激励制度，落实公益性捐赠税前扣除等措施，鼓励和引导社会力量参与文艺创作生产和公益文化活动，构建全社会协同支持文艺事业发展的大环境。

这个建议，可以看出她的忧患，这是一份人大代表该有的忧患。这也是一条拯救戏曲院团的可行之路。保全了戏曲院团，才能保全戏曲剧种，才能让传统文化消亡得不那么快。

她在接受《湖北日报》采访时说，要加强文化艺术人才培养基地建设，高标准、高质量地培养文化艺术人才。她说，由于尚未完全建立文化艺术人才培养体系，目前我国文化艺术人才培养存在不少问题。比如，政治属性弱化、素质标准淡化、支持力度软化、教育机构泛化、管理职能散化等。她建议文化艺术人才培养应该坚持社会主义文艺方向，坚守社会主义核心价值观，坚定文化自信，培养出传承中华文化、繁荣文化艺术的高素质文化艺术人才。对培养基地、重点基地给予包括资金在内的支持，扶持优质的文化艺术人才培养单位，淘汰素质差的培养单位，整体提高文化艺术人才培养水平。加强文化管理部门在文化艺术人才培养工作中的管理和引导。加强文化艺术人才培养基地建设，高标准、高质量地培养文化艺术人才。关于文化艺术人才培养基地体系的建设，她很希望文艺人才的培养有秩序，更加地规范。现在培养人才，有院团有院校有社会有群艺馆，这是好事，但与文化艺术专业用人的标准还不太一样，她希望建立起基地，让它更加地规范化。

她看到了培养戏曲人才的紧迫性，在人才引进如火如荼的今天，戏曲这个行业也需要用一定的政策留住人才，有人才有戏，有人有戏才能留住院团，才能留得住戏曲本身，才能谈得上弘扬传统文化。

她也在思考，根据实际情况出发地思考。她在一次会议上说过：

> 我们转企了，但观念上做法上还未达到改制，还是一种平均主义，政府的投入没变，甚至加大了创作经费的投入，尽管如此，我们仍没有看到改革给我们传统戏曲带来的改变，可见，市场不是以我们意志而改变。我想表达的是，地方文化、民族文化都有它自身的受众群体和局限，但它的唯一性和独特性又是其他不可替代的。传统戏曲是我们中国人的传统记忆，是大部分中国老百姓的文化习惯，我们送戏下乡，惠民演出是那么受欢迎，充分体现了党和政府的优惠政策落地生根，政府为供与需关系架起了桥梁，这是多好的现象与前程。但转企改制了，我们只要一醒来，就想到市场，现实是，戏曲所占的市场份额少，人员多，底子薄，常常拖着设备和不可缺少的行李走街串巷去和同行抢市场，和民营抢市场，不良竞争，互相杀价的现象时有发生，甚至，台上比台下人多还要去演，真的有点凄凉，常有尊严不在的痛苦之感。文化改革进入深水区，希望戏曲所占的深化改革中能分类，科学出台配套措施，抢救传承一批有发展价值的戏曲戏种，更要请上一批专家、行家们扎到基层去调研，在专业门类改革中，要用专业手段去做专业的事，用专业的思想引领专业发展。搞试点，不能一刀切，建议尽快培养文化营销人员，我们不可能既是演员又是推销员。

从自身出发的思考，奠定她的出发方向，奠定她做人大代表的建言基础。

履行职责，她是认真的，不论是政协委员，还是人大代表。

从 2008 年开始，到今天，她提交的建议记不得有多少份了，有时一年一份，有时一年两到三份。她一直在文化文艺的发展上建言献策，她更希望她栖身的戏曲能在文化体制的大环境下有一席之地，能让戏曲人活得有尊严。她受关注的建议还有"戏曲进校园"方面，而她也在戏曲进校园活动中，身体力行，真抓实干，广受学校师生们的好评。

要补充的是，从政协委员到人大代表，十几年的履行职责，这在黄梅戏史上是第一份的。这是杨俊的荣耀，也是湖北的荣耀。

2021 年"两会"期间，杨俊提出了"健全经费保障体系，让地方戏后继有人"的议案。接受央广网记者采访时，她说："戏曲人才培养是一项长期的系统工程，不仅要确保艺术人才学有所成，还要把他们长期留在舞台上，让地方戏曲传承后继有人。要充分发挥地方戏曲在地方经济、社会和文化发展中的地位和作用，面向更广泛的剧种和基层院团，建立长效的经费保障机制，确保地方戏曲事业后继有人和健康发展。"

在履行职责方面，可以有一个横向的对比，全国的政协委员很多，人大代表也很多，这其中有很多文艺方面的代表，每年所交的建议也甚多。杨俊有大局观，她确实清醒，也真正做过调研，她每次参会所谈经媒体报出来，常常会引起戏曲院团的讨论，大家纷纷赞赏，因为能戳到他们的心窝上。

2013 年 4 月，杨俊当选湖北省文联副主席。在文联大会上，她说：

　　文联是文艺家们的聚集地，是文艺家们的精神家园，我想，我能成为文联委员中的一员，已经是梦寐以求的事了，今天在大家的

培养和扶植下，我又当选了文联副主席，在昏眩般的幸福中，我感到了压力和责任。

23年前，我怀揣着梦想来到了湖北，是湖北肥沃的土地滋养了我，把我从懵懂的小丫头培养成有点看头有点成色的演员，让我在湖北戏剧大观园里找到了实现梦想的机会。我一次次告诫自己，在守好一个演员本分的同时，还要认真谛听时代的声音，体悟时代的关口和要害，这样才能创作出无愧于时代的作品。我希望自己做一个不辜负大家的人，在戏曲之路上执着追求内心那时隐时现的艺术精灵，视戏为业，视戏为道，视戏为民。接下来赶紧赶路，因为时间宝贵，因为自己已不再年轻，因为艺术竞争的残酷，我必须在能做点事的时候，尽可能最大限度地呈现美。我清醒地意识到，荣誉和名气代替不了艺术，怜悯更伤艺术。

我要说的是，被肯定是愉悦的，虽然孤单了几年，边缘了几年，但恰好是我认识自己的几年。在此，我感谢大家感谢文联，以后要开好每一次会议，与主席团共同谋划好文艺发展的大事。

她这样说，也这样做了。对待每一件事，她都是认真的。

她还是首届文艺志愿者协会主席，她会带着志愿者们一起送欢乐下基层，走访慰问，送文化到田间地头。她投身于黄梅戏的普及工作，参加湖北卫视抗洪文艺志愿者60名评委接线员，进大学参加戏曲讲座、惠民演出、社会传播等工作，不计较苦累。"到人民中去"是她的口头禅，她深深懂得，是人民最广泛的爱，才成就了她"黄梅戏五朵金花之一"的名声，成就了她获得"梅花奖""文华奖"的荣誉，是人民把文艺工作者托举起来，她得服务人民，回报人民。因此，她所在的志愿者协会获得了国家志愿者服务组织奖。

她真正的政治身份是中国农工民主党党员①。我们对这个党派所知甚少，但不妨碍她做着她能做的对社会有益的事业。

庚子年初，疫情席卷武汉，全民震动。杨俊拿出10万元的积蓄捐给了湖北省慈善总会。她只想到了这一点她能做的，不然，心怎会安？不久，她就走出了家门，去做志愿者。总算能做一点力所能及的事了，面对关心她的全国观众，她轻轻地说，我会保护好自己的。

她不是共产党员，但她却又是党的女儿，她所做的事、她参政议政的热忱，她把一切都献给传统文化的精神，都够得上党的女儿的标准。她认真、热情、专一、有价值地活着。

---

① 中国农工民主党（简称农工党）于1930年8月9日在上海成立，是以医药卫生、人口资源和生态环境领域高中级知识分子为主，具有政治联盟特点，致力于建设中国特色社会主义事业的政党，是同中国共产党通力合作的参政党。

8.《党的女儿》带来的思索

黄梅戏《党的女儿》，是湖北省戏曲艺术剧院在广泛征求意见，开会讨论研究后，定下来的。改编歌剧版《党的女儿》，聚焦革命历史题材，把它作为 2021 年的献礼剧目。既然是献礼剧目，便要启用最强主创团队，用湖北、安徽两省的强大主创阵容来打造，改编宋西庭、导演邓德森、作曲徐志远，主演当然是杨俊。

对于这次改编，杨俊在接受《湖北日报》的采访时，是这样说的：

当时确实手头没有好的剧本，看到阎肃老师的本子，感觉可唱、可演性都很强。黄梅戏以前也有《党的女儿》剧本，但比较陈旧，而歌剧版剧本很成熟，让我有一种创作冲动。

她说到她对剧本的理解和创作的意图：

黄梅戏具有民间性，我希望观众从田玉梅身上，能看到普通劳动妇女的身影，她们如何从开始不知什么是革命，到后来一步步成

● 《党的女儿》中的田玉梅

为革命者。戏曲应该常演常新。所有的尝试，都是为了让观众走进剧场后，期待和渴望得到满足。剧院还要通过大型创作剧目的生产过程推动剧院青年艺术人才的成长、成熟，达到出人出戏的目的。

在 2018 年 7 月举行的首演媒体见面会上，杨俊坦言，自己从来没演过这样的角色。对田玉梅的诠释不能只是简单地"把一个女人塑造成一个刚强的人"，而应当顺应人物的情感轨迹自然地流露。她不想把田玉梅演成英雄人物，她就是一个普通妇女，有血有肉有感情。所以她放低了去演，让田玉梅更人性化，更生活化。

在这部戏里，音乐的创作是主要的，英雄人物和过去杨俊饰演过的温婉的女性角色不同，所以这次的唱腔对于她来说是挑战。为此，她去练真假声结合，刻苦地练，几乎和当年演《孟姜女》时所用的努力是一样的。尤其是最后一段核心唱腔，"我走，我走"，几个"我走"唱出来，音域拉得很宽，这是前所未有的。浑厚有之，清亮有之，低沉有之，高飘有之，这样雄浑的音域一拉出来，便改变了黄梅戏旦角的一贯戏路，符合英雄人物的特质。她辛苦地练，没明没黑地练，直到练成。解决了唱腔问题，还有服装、化妆等等，她广泛听取大家的意见，不断地做出改变。北京的沈健瑾老师就在服装化妆方面提出了很好的意见，她虚心地采纳了。

同时在这部戏的排演过程中，杨俊完成了一个不是导演却有导演素质的艺术家能力的全面提升，在很多个细小的方面，她都用戏曲的方式去弥补和修整。想起当初刚来湖北时，排演一个现代戏，当时导演与她的创作意图没有同步，便把她排疯了，排到正中间，她就"啊"地大叫一声，跑出了排练场，这让很多人目瞪口呆。她几乎是发疯似的跑回家。余笑予也就是那时候说过一句话：导演驾驭不了她，她就要驾驭导演啊。自那以后，她便在与几个导演的接触和磨合中，除了表演，还逐步汲取了导演素质。这部戏是个见证，她不是一蹴而就，而是在长期的实践过程中，一点点成长，直到成长为全面的高素质的艺术家。

《党的女儿》上演后，获得不错的评价。普遍认为有时代气息，能以情动人，是一次成功的改编。甚至有的观众说，是湖北第二个"洪湖赤卫队"。

《党的女儿》自上演后，迄今为止已参加第八届中国黄梅戏艺术节、第三届湖北艺术节暨庆祝改革开放40周年优秀作品展演、中华人民共和国成立70周年湖北省优秀戏剧作品展演等活动，获得湖北省"五个一工程"奖。

传续经典，面对现实，这其实是一条合适的思路。

而以比较低的投资做一部相对成熟的戏，远比做一部没有检验过的新戏，更靠谱。这么多年，戏曲走过的道路告诉我们，做没有价值的新戏绝对是人财物的极大浪费，这一点，黄梅戏《党的女儿》的做法是可以借鉴的，是真正可以去实践和借鉴的，而不是停留在口头喊叫上。

之所以有不错的评价，黄梅戏《党的女儿》导演邓德森的话切中了要害："面对这样一个故事，我不知道为了一己私利而触及道德底线做出危害人民利益的事的人有何感想，面对一个死过一回而依旧坚守信仰的人，那些把责任、道德和信仰当作交易的筹码的人又作何感想……该是静一静我们浮躁之心的时候了，用我们的民族经典的道德内涵来构建我们的信仰。人的生命会消亡于时间之河，然而总有些灵魂还在不断地守望，让我们成为无数守望者中的一员，在永恒之地复活信仰，让信仰在黑暗的幽深之处开出永恒绚烂之花，让田玉梅这张可作为民族底片的精神肖像永驻人心，这就是我们传续这部剧的现实所在。"

导演的话，强调的正是我们戏曲所要追求的现代性，值得我们一再思索。漫长的历史中，总得有那么几盏明灯，来照亮人类前行的路。那么，这部戏也就有了时代意义。

艺之魅

——横看成岭侧成峰

光影中，宣泄艺术情感是令人陶醉的

郭沫若在话剧《蔡文姬》中写道："你是在用你全部的心血、全部的生命在弹唱，在歌咏。"

为了至上的艺术，为了自己的理想，
杨俊把生命融入了艺术。每一次想起，都想
说，感佩她的纯粹和执着、浪漫与崇高。

1.《天仙配》永远鲜活的幸福向往

（传承之一）

哪一个青年没有思想？重要的一点恰恰在于人会设计自己的愿望，有实现这一愿望的冲动。理想使人具有百折不挠的精神力量，因而当人实现这一愿望的冲动受挫，理想便使人痛苦。

——杨俊笔记

2021年初举行的杨俊从艺四十周年系列展演的第二场演出中，杨俊上演三个折子戏，分别是《天仙配·路遇》《夫妻观灯》《女驸马·洞房》。杨俊说，演出这三个戏，就是对自己黄梅戏身份的确认。

杨俊多次在各种晚会上演出《天仙配》，而《天仙配》是黄梅戏新世纪以来的经典和保留剧目，是黄梅戏中家喻户晓的名段。《天仙配》不仅仅属于黄梅戏，它还属于舞台，属于电影，属于历史，属于传说，属于爱情。

1951年，班友书将多种版本改编为《天仙配》，把董永由秀才改为农民，把七仙女由"奉旨成婚"改为"思凡下嫁"，丰富了戏剧情节。1953 年，陆洪非改编全本为七场戏，这次改编有所升华，主要表现在主题提炼上，在原本颂扬至亲纯孝的基础上，将七仙女与董永的相遇情节进行丰富，歌颂他们追求自由幸福的爱情生活，鞭挞阻挠他们实现美好愿望的封建势力。改编后的《天仙配》成功塑造了善良憨厚的董永和活泼直率、温柔勤劳的七仙女形象。改编后的《天仙配》有几重特色：悲喜剧结合、双线结构虚实相生、有浓厚的生活气息、舞台上合理的程式表达。

安徽省黄梅戏剧团成立后，就着手排演改编过的《天仙配》，排成后在安庆首演。前文写到，1954 年，由王少舫和严凤英主演的《天仙配》在华东区戏曲汇演中轰动上海，这个戏当时获奖甚多。

1955 年，上海天马电影制片厂根据《天仙配》的舞台演出本，由桑弧重新整理拍摄影片，石挥导演，严凤英、王少舫主演，获得了文化部颁发的 1949 年至 1955 年优秀影片奖。1956 年 2 月影片开始发行，受到了国内外广大观众的欢迎，《天仙配》也因此成为黄梅戏的保留剧目之一。

电影中的严凤英，眼睛里涌出大滴的泪珠，唱起来缠绵悱恻，委婉深沉。表演时，细腻自然，真情流露，很好地演出了一个聪明、诚朴、善良真挚的七仙女（吴组缃语）。这部戏成为严凤英的代表作，七仙女成为严凤英的代名词。之后的大多数剧团演出《天仙配》都是这个版本。

就在 20 世纪 80 年代，《天仙配》影片活跃在城市和乡村，伴随成人度过劳作后的夜晚，伴随学生度过寒暑假，那时候还是黑白影片。乡村的夜晚宁静，没有车喧马欢，只有树梢的微风轻拂，人们便在这样的影片里为爱情和虚幻的梦想唏嘘。人们记得董永的孝顺，当然更记得七仙女的善良。贫穷的乡村，人们都会希望自己也能逢着一个这样的七仙女，为自己织绢，为自己生儿育女，哪怕要经过抗争，才能收获圆满，也终归是凡人与神仙的不老情缘。城市的夜晚不算宁静，但也不是现在的灯红酒绿，电影散场了，街上开始热闹起来，人们一样谈论着人仙之缘，似乎也在谈论眼下的婚恋观。

可以这么说，有多少个黄梅戏女演员，就有多少个版本的七仙女。不，不仅仅如此，加上其他剧种的，加上客串晚会的，加上票友，这个数字难以统计。

而我们当然应该或者必须要说的是杨俊版的《天仙配》。

杨俊在艺校时便学会了这出剧目。那时的学习，属于共同的初习，不需要创造发展，只需要完完整整地继承，这是我们戏曲还有那些传统手工艺，之所以传承到今天的一条路径。戏曲人一代又一代地把保留剧目完整地口传心授下去，戏曲才得以长盛不衰、百花齐放。不然，我们今天去哪里得知我们的传统原貌？

在继承的基础上，我们又是一代又一代地发展着。我们今天看到的戏曲剧目也不是元杂剧的原貌，也可能昆曲还保留了一些老剧目，而诞生于明末清初的梆子戏早已在革新的路上走了很远。

老戏老演，老演老戏，老戏新编，新戏演老，这是一个说不尽的话题。

杨俊刚到湖北的时候，黄冈也刚刚成立湖北省黄梅戏剧团，这个刚刚上路的"新生儿"需要一出挂牌戏，而杨俊也需要一出戏在湖北站住脚。经过多番酝酿及讨论，剧团选定了《天仙配》，杨俊饰七仙女，张辉饰董永。大家都有顾虑，有严凤英和王少舫珠玉在前，杨俊的七仙女会是什么遭遇。时任团长的章华荣自有自己的主意，他仔细分析过：

第一，虽然严凤英和王少舫创造了一个黄梅戏的神话，但他们只属于他们的那个时代，再看旧时《天仙配》，就综合艺术而言，还是有可以革新的地方的。第二，有杨俊和张辉两位好演员，杨俊扮相俊俏，唱腔甜美，道白清脆，表演洒脱，既能注重人物形体动作，又能着眼人物内心世界，有现代文化气质。张辉也是有青春阳刚之美的好演员，他们能胜任两位主角的演出。第三，他们可聘请一个强有力的创作班底。

所以，他们还是把《天仙配》作为湖北省黄梅戏剧团成立之后的打炮戏。

不过，回顾往昔，留下两声叹息。

一叹的是，自安徽的《天仙配》成为黄梅戏标志之后，《天仙配》就像魔咒一样，每次风吹草动，人们总想先用《天仙配》来搭建底座。这样的惯性也烛照进杨俊的内心，以至于后来她重起炉灶时，也曾想选择《天仙配》开启她的新征程。

二叹的是，杨俊对《天仙配》的理解。杨俊的笔记中夹着一些纸片，有一张纸片上面写着她的感受：

> 所谓接地气的误区，接地气不是站在地上，不是直接照搬生活！艺术来源于生活，高于生活。难的不是来源于生活，因为谁的创作都是来源于生活，难的是高于生活，高的意思是，以生活为素材，上溯到人性的高度，揭示出人性的真善美和假恶丑！所谓贴近生活，其实贴近的不是生活，贴近的是人的心灵，所以《天仙配》虽然说的是神鬼之事，却那么贴近生活，接地气！

从这样对戏的理解中，透露出来的是杨俊的悟性。我们很多人，包括一些理论家，可能都不曾想过，《天仙配》的人神"未了情"是接地气的。有了接地气的心理启示，她的七仙女就是让人可感可亲近的，而不是真正的遥远的神仙。那么，他们的这一版也就能成功，也就能征服观众，成为他们的打炮戏。

大盘定下，随后便是具体操作。

杨俊那时候的排练很苦，在水泥地面上摸爬滚打，正是大夏天，每天汗流浃背地从日升到日落，从月升又到晨光熹微。杨俊说，她每天需要换三四次衣服。但她甘之如饴，这是一次艺术灵魂的蜕变，是一次向着理想的冲锋。

1989年10月7日，新版《天仙配》首演。

大幕拉开，祥云烘托下的七位仙子载歌载舞，从天庭窥视人间。人神的差异就在这窥视中瞧出端倪，那既不是天地富贵的区别，也不是身份悬殊的比较，而是对情爱的大胆向往和敢于冲破禁忌的勇气。七仙女渴望自由和爱情，私自下凡，和董永结为夫妻，织绢、偿债、陪伴，可郎情妾意并不长久，在一次次反抗后终被玉帝活活拆散。

那天的杨俊很投入，现场气氛极好。演出完毕，他们得到时任湖北省委书记关广富的高度赞扬，关书记用八个字来定位：天上人间，美不胜收。同时称赞他们老戏新排，别出心裁，为戏剧的振兴和繁荣走出了一条路子。

专家皆认为这是一次"表、导、演、音乐、舞美全方位的创新"。他们把原剧里的场景都用人来代替，槐荫树、天上白云、人间花草、土地神等等，都成了有感情、有性格、有生命的精灵，既有浪漫主义色彩，又有当代的审美特质。杨俊利用这些年涉足影视得来的经验，演出了现代气质，她的动作比原剧更加有难度，演出了戏曲的程式美。

非常遗憾的是，那时他们刚刚到达湖北，并没有留下影像资料，我们无法看到当初的演出现场，也体验不到当时的华彩了。

但稍稍有一点可以庆幸的是，2019年湖北卫视播出的《戏码头》栏目中，总策划白燕升经过斟酌，邀请已阔别13年之久的杨俊和张辉再度合作，上演一出《天仙配》。这是白燕升在看到张辉登上《戏码头》演出，杨俊在台下一个角落哭成了泪人时，而萌生的想法。白燕升那时便有个愿望，他要让他们再合作一次。两位艺术家都答应了，戏迷们沸腾了，他们早早就期待着分开13年之久的"七仙女"和"董永"再次团聚。

舞台上，董永在侧幕里唱"含悲忍泪往前走"，七仙女在台上边舞边等待董永出场，七仙女几次三番拦住董永去路。七仙女的调皮，和属于少女的那种紧张、羞涩，又不得不这样地奔放，让杨俊演得仙气十足，青春萌动又可爱俏皮。这样的七仙女谁不爱，何况是又穷又悲凉的董永呢？这是著名的《路遇》一折，从明代青阳腔一直传续到今天的一折经典。

一折戏，可以让我们畅想全剧，畅想这一对金童玉女最初来到湖北的青春活力，畅想他们曾带着怎样的激情站在舞台上。也正是因为可以畅想，反倒增添了别样的韵味。这是辩证法。

杨俊是美的，不论经过了多少年的时光淘洗，她的美丝毫不减光华。离他们当年演出已经过去三十多年了，杨俊依然美丽着，这真让人"嫉妒"。那天的舞台下，观众的眼睛里是放光的。这是他们长久以来的期待。

而在杨俊那里，太多太多的往事涌上心头，仿佛漫天沙尘对一座城市的磨砺，仿佛长江对两岸高山的冲刷，往事并不如烟，只是把它轻轻地团拢来埋在心底了，并没有一刻忘记。

一直到今年年初，从艺四十周年展演时，杨俊带着年轻演员曹祝来、冯志刚出场，再次扮起七仙女，再次媚起来，再次可爱起来。

剧情还是一样的剧情，这次演出的内蕴却是不一样的，带有传帮带的意图，也在展示湖北省戏曲艺术剧院的黄梅戏后备人才。此时的杨俊，在践行的是薪火相传的使命。

从很早的三国两晋南北朝，一直到明清两朝，到新世纪搬上银幕，《天仙配》活在历史中。从曹植到电影导演石挥，从不知名的扮演者们，到严凤英，再到杨俊，再到年轻的黄梅戏演员们，董永和七仙女活在文学艺术中，活在传统意识和记忆中，活在中华历史中。千年传统文化绵延不息，传承的脚步便不会停止。

《天仙配》的久盛不衰，在于它的文化意义，是人们对和谐宁静的田园生活热烈向往的表现，是对人民构筑幸福生活的哲学认同。这也是传承的意义。

再说一句，《天仙配》属于舞台，属于电影，属于历史，属于传说，属于爱情。

2.《女驸马》 黄梅戏的青春体质

〔传承之二〕

> 一个演员的能力是有限的，但艺术之路是无限的。我们戏曲人无论是潇洒飘逸的水袖，还是行云流水的圆场，每当锣鼓响起，总是人生一次精彩亮相。
>
> ——杨俊笔记

"为救李郎离家园，谁料皇榜中状元……"这一段来自黄梅戏《女驸马》的唱词，真算得上家喻户晓、妇孺皆知。会唱这一段的人也是不可计数。太普及了，普及程度赶得上唐诗中李白的"床前明月光"。

当然，每一个黄梅戏演员在《女驸马》里都是光彩照人的，从男到女的转折，从刚强到温柔的变化，特别符合中国人的心理情结。

杨俊在很多场合中演出《女驸马》，这是她在所有戏中，唯一的需要簪缨戴帽穿靴的戏。她的身段俨然就是一个风流倜傥的小生，并不违和，也不突兀，生是生，旦是旦，并不混淆。

● 传神演绎《女驸马》

这也是她对自己黄梅戏身份的确认。

前面说过,黄梅戏发展历程中,曾把鼓词、唱本和民间传说改成黄梅戏演唱,《女驸马》就是依据《双救主》改编过来的。1958年,安庆专署剧目组和黄梅戏剧团根据潜山老艺人左思和献出的剧本,将此戏改编出来,参加了当年12月在芜湖举行的"安徽省第二届戏曲汇演",1959年,由前面提到的陆洪非再次执笔进行改编,改编后由严凤英主演,各地观众很快就接受了这部戏。1959年秋天,《女驸马》由上海海燕电影制片厂、安徽电影制片厂搬上银幕,刘琼担任导演。电影更让这部戏为广大观众所熟悉并喜欢。

《女驸马》是喜剧,大团圆的爱情故事,与中国人的普遍审美相契合。在剧情的设计上,与晋剧《打金枝》有异曲同工之妙,都是把皇家事当作普通百姓的喜怒哀乐来处理,容易与国民共情。《女驸马》更多一重的是,女性对皇权斗争的胜利,或者说,在与皇权斗争中女性发挥了作用。

严凤英在戏中,从女扮男装出场,念引子赋,到女状元的坐立行都是有招有式有出处,密密严严的,"唱念做俱佳,柔哆俏兼备",贫贱不移、富贵不淫的品质,聪明机智的本能,女性的天真和柔弱都让严凤英演了出来。冯素珍这样一个女状元经由严凤英的表演而立起来,可谓是光彩照人,让太多的人喜欢不已。

而在艺校几年的学习中,黄梅戏的五朵金花都是承继了严凤英的艺术风采的,从唱到演,俱可圈可点。

在《伶人王中王》的舞台上,杨俊曾演《女驸马》,这正是她在从艺四十周年时演出的《洞房》一折。当时白燕升说,这是《女驸马》中最吃功的一段戏。杨俊的表演得到了评委雪小禅、吴碧霞、郭宝昌的高度评价,尤其是查明哲导演说,杨俊在表演中,唱到当朝皇帝之时,眼睛一瞟公主,那种不能明说、心里又很忐忑的感觉就出来了,真是细腻

● 簪缨戴帽，整理行头

又准确。

　　黄梅戏是以唱功见长的，这一段表演，杨俊吐字清晰，唱腔婉转，唱到慢处，配以她灵巧的双目，足以传神，唱到快处，只觉一口气提到胸腔里，犹如喷涌而出，一个字一个字疾速袭来，比起"大珠小珠落玉盘"不遑多让。先是哀求，而后恳求，再而祈求，之后愤而表达，演出了为救李郎在所不惜的坚决。一段段唱着，一层层递进，一点点变化，确实是最吃功的一段。在从艺四十周年演出中，杨俊说，这一段最难演，她就是要演来让大家看看有什么不同。

　　再观全剧，杨俊演出了帅气的男儿气，演出了温柔的女人心，演出了善良、正直、温婉、机智、活泼、调皮、满腹才学等人物该有的气质。杨俊更独特的在于一个"俏"字，一俏立潮头。

杨俊的俏，与黄梅戏本身的气质是相辅相成的。黄梅戏发展成熟以来，就自我生长出一种青春特质，对应着年轻靓丽、活泼烂漫。《中国黄梅戏》一书中说，这是黄梅戏青春文化基质的一个重要表征。

俏也不争春，只把春来报。

这次从艺四十周年演出，杨俊是带着年轻演员王慧君来的，王慧君是剧院的中坚力量，属于成熟的实力派演员。杨俊是要把这样的演出体会和心得，传承下去的。

承继前辈，传续后世，杨俊尽心。

每一次舞台上的亮相都是精彩的。

3.《夫妻观灯》 戏曲的虚拟美

（传承之三）

《夫妻观灯》很民间，也很民俗。

这是黄梅戏七十二小戏之一。叙述的是民间生活，选取的是民俗节日元宵节。

一对年轻夫妻进城看灯，丈夫王小六鼓动妻子去看灯，两个人站在虚拟的街上，在虚拟的街景和灯景中，数着那些华彩的灯。这是一对儿对生活有着美好憧憬的有生活趣味的夫妻，他们身上有活泼欢快的民间气息和健康美，还有浓郁的地方特色和生活气息，真真地接地气。所以1958年整理演出以来，就一直非常受欢迎。中央新闻纪录电影制片厂把它搬上银幕后，更是如同《天仙配》和《女驸马》一样风靡全国。

这出戏，最典型的特征便是把舞台的虚拟美发挥到了极致。夫妻二人站在街上看灯，他们没有说灯怎么样，却在说看灯的人如何：长子（高个子）看灯，挤得伸长脖颈；矮子看灯，挤得蹲在人丛里；胖子看灯，挤出汗淋淋；瘦子看灯，挤成一根筋；小孩看灯，挤得站不稳；老头看灯，

走路戳拐棍。真是形象啊，这样的描述，舞台上是空的，我们听着他们唱来，却觉得自己置身于街市之中，人潮汹涌，仿佛真的在观灯，仿佛我们也见到了那些栩栩如生、五花八门的灯。这就是中国传统戏曲的魅力，是中华戏曲独一无二的虚拟美。

《中国黄梅戏》一书说到，黄梅戏从民间歌舞而来，紧傍大众审美情趣，流播于乡野，发达于城镇，且有鲜明的通俗文化基质，呈现活泼生动的艺术风格。

《夫妻观灯》正是黄梅戏通俗文化特征的典型代表。

杨俊表演《夫妻观灯》，正是注重它的通俗性、生活性、审美性、虚拟性。在这部戏里，她青春活泼有谐趣地给我们诉说花市灯如昼、人流如注的元宵节夜景。

传承便是不能丢掉特质，只有守正才能创新。

当然，黄梅戏剧目里，杨俊继承下来的还有许多，比如说《打猪草》《罗帕记》《小辞店》等等，这里我们只谈她经常演出的这三部。

4.《孟姜女》 悲伤的救赎

（发展之一）

　　舞台很残酷，主角在哪，灯光就打向哪，主角背后的那些人，只是轻轻登场，再轻轻离场。无名无利时，仍能在悄然中绽放华彩，这样的本领绝非一天两天的修炼就能得。能做到这一点的配角们，应该说是最好诠释了"一个演员的自我修养"吧。

——杨俊笔记

　　中国民间四大爱情故事，《天仙配》《孟姜女哭长城》《白蛇传》《梁山伯与祝英台》，每一个都承载着人们对爱情的理解，生生死死，天上地下。劳作中的人们，即使在风尘中流浪的人们，也不愿失去对两情相悦的期待和对吉祥的祈愿，希望自己的躯体从单调枯寂的岁月里伸展出来，体验生命的欢愉，体会爱情的疼痛。人们为这样的期待和祈愿，支付着更多的情感利息，并乐此不疲。

　　那些在天堂和人间来来往往穿梭的身影，那些可能存在，又无从证实的快乐和伤痛，是真的吗？

人们宁愿相信是真的，所以这四大传说可以长盛不衰。

孟姜女比七仙女、白蛇、祝英台走得更远，从秦朝开始，一步一回头，走到现在，也哭到现在。

出生在二十世纪六七十年代的人，还多是在农村的家里见到电影《孟姜女》（小时候，对电影是没有分类的，没有戏曲电影这一说）年画，看过《孟姜女》电影。这属于那个时代人的共同记忆。雨雪交加也挡不住人们看电影的热情。在树下，在蝉鸣声中、青蛙啼中，月亮洒银辉、白雪映江山时，许多许多的人，不论是顺境，还是逆境，也不论是富有，还是贫穷，都曾经对孟姜女倾注过深情。只不过，那时候人们只关注哭倒长城的痛快，仿佛人生所有的不幸都能在倒塌的城墙中找到平衡。

几十年过去了，电影的细节已漫漶不清。还好，网上还可以找到，这是幸运的（这个幸运是相对于杨俊版的《天仙配》来说的）。

范杞良要躲秦始皇派出的抓他的人，正好救了孟姜女，两人盟誓，生死相随。可是他们刚刚拜了月亮，还未合衾，抓范杞良的官兵就找到了他，他们只好分离。月下的夜，暗无声，火红的衣裙还和烛火一样摇曳着，分离却是逼在眼前了。这时的孟姜女，眼里是轻轻的无助的伤悲，眸里含泪，却没有大哭。

范杞良走了，北雁南飞无音信，天冷了，长城边，是高寒之地，对于生长在姑苏的孟姜女来说，她的范郎肯定是冷的，她要去送寒衣。

送寒衣，这么简单的三个字，这么一个包含着无尽的思念的一个动词，无数次地层叠地出现在我们的历史中，唐诗中有，宋词中有，元曲中也有。"寒来无处寄寒衣""月明人自捣寒衣""年年辛苦寄寒衣"，蝼蚁之命，何其卑贱！而那么多熬不过思念的人，只好去送寒衣或寄寒衣。

千里寻夫啊，从夜半钟声的姑苏，到边塞之地，孟姜女一步步走过饥饿与困苦，找见了小姑，又送别了小姑，两个女人竟然都没有拿出给范杞良的寒衣哪怕披一下御御寒，她们觉得远在边塞的丈夫（哥哥）更冷。这时候孟姜女的公婆都已被逼死，悲剧的气氛越来越浓了，但还未到顶峰。

杨俊演得隐忍而坚毅。

孟姜女在关城口被拦下，需要贿赂才能过关，可她千里寻夫而来，哪有钱财可资打点过关？守关的兵卒拿走了她的罗裙，抢走了她的寒衣。守关的关官看她音容兼美，便要孟姜女给他们唱曲，唱好了才能过关。

这部戏的重点来了：哭，哭长城。怎么哭？编剧（王冠亚）设计了唱着哭，十二月之哭，杨俊唱来我们听来，真是抓人肝肠：

正月里来是新春，辞别旧岁喜盈门，家家团圆人欢笑，孟姜女空房守孤灯。

二月里来暖洋洋，紫燕双双绕画梁，人家夫妻成双对，孟姜女孤影不成双。

三月里来是清明，芳草青青雨纷纷，座座空坟飘箔纸，累累白骨筑长城。

四月里来养蚕忙，桑园里想起范杞良，桑篮挂在桑枝上，勒把眼泪勒把桑。

五月里来午端阳，端阳佳节蒲艾香，人家调制雄黄酒，孟姜女想郎哭断肠。

六月里来柳丝长，孟姜女夜夜梦见郎，醒来不见范郎面，只见关山雾茫茫……

孟姜女唱一次，兵卒归还一样抢去的东西，唱着哭着，关官也哭了，送上自己的铜钱，送孟姜女出关。这时的杨俊两腮挂泪，双目悲伤，嗓音甜脆婉转，唱得人心痛难当。

到最后，撕心裂肺的几声号啕，当然也是唱着喊着的号啕，长城倒了，范杞良的尸骨露出来了，孟姜女的仇恨也填在胸中了。及至秦始皇还要强求孟姜女入宫，孟姜女便要求文武百官戴孝，允她用寒衣把尸骨带回家乡，秦始皇都答应了，可她却跳了海，追随范杞良去了。在那个无情的世界，他们去地下团圆。曾有过瞬间的欢悦，他们在梦里相见，也曾有过笑容。他们曾盟誓过生死相随，终于践了生死盟约了，他们可以去地下寻找梦里的笑容了。

除此以外，全剧孟姜女一直在哭。杨俊把每次的哭都处理得不尽相同。

长夜，与城市一样不眠，孟姜女（杨俊饰）就从大大小小的屏幕中走出来，一步一步，一场一场，哭，倒，跳海。人们多年在尘世中打转、已被训练得无坚不摧的心，依然会在这样老旧的一场电影中，被触动，被刺伤。泪，无声的泪，湿了心、湿了衣、湿了空气。

从这个意义上说，真正的艺术是没有时间和空间的距离的，是没有过时这一说的。

孟姜女，是杨俊的救赎。

那时，正是杨俊最彷徨的时候，事业起起伏伏，让她苦闷地站在时代的十字街头，不知何去何从，是这部戏把她从落魄中解救出来，从此她栖身黄梅戏的舞台，江山依旧，容颜不改。

这部戏让杨俊吃了不少苦头，她努力练唱，如果没有时白林先生那一口人参水，我们不知道后来会怎么样。所有的付出都不会白费，杨俊终于让一个银幕形象出现在大众眼前。

这部电影的拍摄过程，是杨俊本身的发展，也是黄梅戏的发展，诚如杨俊自己所说：《孟姜女》更多的是我人生当中转折的机会，就创作

● 杨俊版《孟姜女》，扮相妙美

来讲，其实我的人生感受比我的创作更精彩。

黄梅戏历史上《天仙配》《女驸马》等都搬上了银幕，也借着银幕的广大受众为人所熟知。《孟姜女》是时隔多年，经历了时代的变革之后，再次将舞台剧搬上银幕，像她的前辈艺术家们一样，她把这个艺术形象留给了热爱戏曲、热爱黄梅戏的广大观众。

5.《貂蝉》 演技始终在线

（发展之二）

1991 年 5 月 28 日，第十一届全国电视剧"飞天奖"颁奖大会在广州天河体育中心隆重举行。六集黄梅戏电视连续剧《貂蝉》获得"飞天奖"戏曲片奖。

戏曲发展到这里的时候，其实正经历着向市场化转型的阵痛，整个戏剧市场出现萎缩的态势，全国各戏曲剧种的演出饱和度都有所减弱，观众对戏曲的热情在消退，年轻观众的目光转向歌星、影星和电视剧。为应对这种局面，戏曲开始转型，向电视靠拢，电视剧、歌舞晚会、综艺节目向戏曲收拢演员，多元发展成为趋势。

《貂蝉》诞生于这股风潮之初。当时，湖北黄梅戏想打响，除了编演舞台剧外，搭电视剧的顺风车，也算是顺势而为。拍电视剧需要钱，他们就开始了自己的筹钱之旅。章华荣带着杨俊去找地委书记、地委宣传部，甚至去找省委书记、省委宣传部，找湖北电视台，还有省计委、保险公司，等等，找了一大圈，终于落实了《貂蝉》的拍摄事宜。

● 貂蝉

《貂蝉》是湖北的第一部黄梅戏电视连续剧，它拥有当时实力最为雄厚的创作班底。导演黎式恒，编剧王冠亚，作曲徐志远，制片主任章华荣，杨俊饰貂蝉，张辉饰吕布。

《貂蝉》拍摄历时两个月，在黄冈举行首映式后，即在中央电视台黄金时间播出。

第二年，《貂蝉》获得了电视剧"飞天奖"。

在这部电视剧中，杨俊延续自己的表演形式，调动表演才能，演出了一个与以往不同的貂蝉。被评论家孟繁树评为"耳目一新的美女"。

二十年前，数字技术还不发达，当时所录制的音像资料现在看起来都不够清晰，但是如果你打开二十年前的黄梅戏电视连续剧《貂蝉》，还是能清楚地看到剧中人的一颦一笑，能看得清楚他们要表达什么。

这部电视剧，节奏不错，即使事隔二十年，一点也不显陈旧和拖沓，可想而知，当时的制作班底有多用心。

杨俊擅演内心戏，在这部电视剧中，表现得很是明显。

因为是电视剧，生活场景和表演动作趋向于生活化，道白也比舞台上的戏曲韵要淡许多，唯有唱腔是地道的。《貂蝉》的作曲是徐志远，也是后来杨俊几部戏的作曲。徐志远先生说，那是第一次和杨俊合作，合作时才知道杨俊对戏曲的理解深蕴着浓厚的文学情结和思量。杨俊演戏注重人物内心刻画，对唱词、对音乐表达，这些方面她很讲究，为了一支曲子或者一段唱腔的出世，他们常常要聊到很晚，甚至聊一整夜，聊完后，第二天作曲的时候就能把聊出来的内容加进去。那时杨俊压力很大（是啊，她背负着湖北黄梅戏的发展），他们都会给她开解，陪她拍戏。除了徐志远先生，还有时白林先生，他们都有共同的感受，杨俊来了湖北发展，是扩大了黄梅戏的受众范围，带动了湖北黄梅戏的发展，他们这些人，还有许许多多的安徽人，他们是宽容的，他们愿意为杨俊护驾，支持杨俊在湖北的发展。

这时候，她的嗓音比起《孟姜女》时更宽厚了一些，味道更醇酽了一些，很好听。

在电视剧中，杨俊是古典美女的扮相，笼烟眉，俏鼻梁，微微上翘的嘴角，尖下巴。这个形象，不由得让人想起《红楼梦》里林黛玉出场时的描写：两弯似蹙非蹙笼烟眉，一双似喜非喜含情目。态生两靥之愁，娇袭一身之病。泪光点点，娇喘微微。闲静似娇花照水，行动似弱柳扶风。

初见吕布，一个情窦初开的少女，最初见到她认定的英雄时的颦、笑、嗔、睨，仿佛打开了舞台上的高光。但是，这稍稍开启的情窦却被连环计所对冲掉了，所以，她反倒冷静许多，只按照设定的剧本演下去，可内心里的矛盾和说不清楚的东西却能被我们感受到。

面对董卓时，对强权的反抗，对敌人的仇视，分明没感情却要委身的无奈和无情，都被杨俊演了出来。为了连环计的实施，不得已时还得献身勾引、撒娇耍赖，这种耻辱感和理智上的大义冲突在她的内心挣扎，可面上却得时时笑靥生花，恨与怨都在眼神中。

面对王允这个收养她十三年的义父，她依赖、埋怨、服从、牺牲，还有一点点情意，都在她淡淡的眼神中，并不激烈，我们却能感受得到，这时的她不同于面对吕布时，也不同于面对董卓时，眼神是干净的、温暖的、恬淡的、哀愁的。

乱世中的女子，没有自主权，没有爱的权利，只有在男人间辗转，最后飘零成泥，丧身关羽刀下。她演着，我们体会到了声声叹息。

虽然事隔二十年，很多人不会去看这部电视剧了，但我们依然能从中体会到美的感受。

6.《双下山》永恒存世的思凡

（创新之一）

漫步林间，你看见一株紫藤缠绕的树干，感动于这静美的一幕。你想，不知未来会有怎样一番风雨，也许藤将断，树会倒，也许天会荒，地会老。你又想，那么，请时光定格在此刻吧。

——杨俊笔记

1

小尼姑（杨俊饰）风姿绰约地出场，小和尚（张辉饰）也机灵可爱地出场了，他们分别奉师命下山化缘。

小尼姑见小和尚那么憨傻可爱的样子，就特别想逗他，装作观音的样子给他施舍饼子。在几番试探中，双方表明各自身份。一瞬间，或许是同病相怜，或许是青春的生命激流喷发，又或许是在满山的凋落和凄冷之间忽然看见了对方的朱颜，在互相的试探之间，鲜花山谷如同晴湛的天空一样明亮起来，天雷勾动地火，那一刻，彼此还是动心了。

再相见，小尼姑崴了脚，小和尚挑水路过，小尼姑在禁忌之中，百般试探，小和尚在河的对岸，足踏莲花而来，给她治脚，帮她挑水。他们试着突破禁忌，想向对方借一些情爱暖暖身，暖一暖被青灯黄卷禁锢也冷淡了的身和心。

从此，相思种下了吧。

小尼姑思凡，在禅堂打扫，却与罗汉们有了妙趣横生的对话。身子热了，便想脱去尼姑服，却又见罗汉盯着她。衣衫在开与解之间反复，那是规则与自由的对抗，那是放纵与收敛之间的纠结，那是思春与淡定之间的可爱。转而一思，那些罗汉不是泥塑便是木头，怕的什么？遂脱下尼姑服搭在罗汉身上，她打扫着禅堂也发泄着青春的美丽。唱，唱出一个女子的活脱奔放，舞，舞出一个尼姑的青灯寂寞。这么和谐又这么矛盾。

这一场思凡，像拿着羽毛把人的心轻轻地挠动，醉也有之，甜也有之，美亦有之。

一场梦，不，是两场梦，两个人的两场梦，解决心理动机。小尼姑梦到小和尚已下山还俗，青丝疯长，她要追随而去。小和尚梦到小尼姑被阎王锁了，须得他的抚摸才能解救，他便战战兢兢地摸她的脸，解救他们的爱。小和尚真正地萌动青春的情丝，也寓意着真爱是可以突破禁忌的，七情六欲是可以超越清规戒律的。

他们下山，蹚爱情的河，翻戒律的山，把青灯黄卷甩在身后，奔向人间的美好与圆满。

2

轻喜剧。

主创人员、评论界、观众都是这样定义的。

人们在舞台交与的氛围中体味着甜蜜和幽默，在细腻的唱念做打舞中体悟许多哲思。

"除了演戏的人，更有那看戏的人，台上也好、台下也罢，只要你去看，去听去喜欢，便和我一样，终生都将陷落于对禁忌的迷恋与渴望之中，戏若是狐媚，你也是狐媚的一部分，如此一场，你没有赢，他们也没有输。"（李修文在他的《山河袈裟》里讲述着戏曲予人的魅惑）

如此甚好。

大部分观众比较熟悉小尼姑戏罗汉那一节，章华荣的《黄梅戏回娘家》里记下了余导当时的话：

> 在音乐声中，小尼扛着鸡毛掸子，左手拿着一块抹布，右手拖着扫帚上场，小圆场进佛堂，见一尊尊罗汉在佛香烟雾中的神态，亮相，唱"罗汉堂香烟缭绕长明灯火"，紧接着，快步为众罗汉掸尘、抹灰、扫地，造型亮相，以手代扇，边扇边唱"汗淋淋何不将法衣来脱"，她解衣扣，双手抓衣襟扇风，信步左走小圆场，欲脱衣，猛然发现众罗汉仿佛在盯着她，小尼一惊，右转身，急忙用衣襟掩盖胸部，左回头，又发现这边的罗汉也在看着自己，又急忙用双手掩衣襟，再定神细看，众罗汉还是原先的模样，小尼觉得好笑，害羞，接唱"面对这木雕泥塑我怕什么"，在伴奏声中，小尼慢慢地非常优美地脱下外衣，露出紧身的小袄，陡然，似乎又感到众罗汉又在看着自己，急转身，以衣掩面，使其心态变得外化……

导演现场讲戏如此详细，把技术和艺术糅合在一起，实现舞台上的出神入化。而聪明的杨俊完整地实现了导演的意图。

此戏第一次上演时，来自湖北省各专业戏曲院团的演职人员、北京专家、中央和省市新闻单位的记者、湖北省委省政府领导观看了此剧。专家、评论家们都说，这部戏真是好，满打满算，也只有四个演员，可满台都是戏，确实是一出爱情浪漫曲。

散场后，舞台设计戴真说："这台戏把戏曲的唱做念舞表现得淋漓尽致，尽善尽美！"

评论家郑秀权说："由于作者不大关注戏剧的社会容量，而是追求题材的戏剧性，并以温和的心态去捕捉人物的趣味，编织成一串串轻快的戏剧场面，加之导演和演员的高超技艺，使该剧成为一首人性的赞美诗，一首爱情的浪漫曲。"

一出场，便有不菲的口碑。

之后，此剧去台湾演出前夕，名称改为《双下山》。

组成《双下山》的几个折子戏《化缘》《思凡》《下山》都出自目连戏。目连戏是个复杂的戏种，它的包容性极强，可以涵盖多种艺术，是中国民间最受欢迎的佛教故事之一。目连救母的故事，衍生了目连戏、目连舞等艺术形式，还衍生了盂兰盆节、鬼节、中元节等节日。到今天，徽剧、川剧、汉剧、婺剧、昆曲、黄梅戏、桂剧、湘剧、京剧中还保留了目连戏中的《双下山》《盂兰会》《戏目连》《思凡》《定计化缘》等折子戏。在如今这个风云变幻的时代，劝人为善劝人尽孝，依然不过时，这也是中华民族的精神支柱之一。

从这个意义上讲，《双下山》具有永恒的存世价值。

3

现在在网上流传最广的，是杨俊在《伶人王中王》现场表演的《双下山》，正好是"戏罗汉"这一节，真让人看得目瞪口呆。黄梅戏里竟然有这样的戏，又美又脆又甜又润。那一刻的杨俊，裙拖六幅汉江水，髻绾蛇山一段云，当真是美与爱的化身。

这样的小尼谁不爱呢？

那样的舞台形象是那样地甜美、娇憨。

这个戏入选了中国戏曲"像音像"工程①。中国艺术研究院戏曲研究所所长王馗说，这是能形成杨俊风格的一个戏。

2020 年年初评选时，专家们一致把这个戏视为杨俊的代表作，也是有鲜明特色的黄梅戏原创作品。经过仔细筹备，2020 年 11 月 26 日，由中国戏曲"像音像"工程办公室、湖北电影制片厂录制，由著名戏曲电影导演朱赵伟执导，湖北省黄梅戏剧院和湖北省戏曲艺术剧院联合演出的黄梅戏《双下山》顺利录制完成。这次录制，《双下山》原班人马都来了，原来的情境，原来的人，原来的感觉，除了余笑予导演已过世，其他都是"似曾相识燕归来"。

4

关于《双下山》，杨俊谈了很多。谈到艺术人生，谈到人生和戏分不开。

黄梅戏《双下山》里的这个小尼姑，她区别于传统。我感受到的小尼姑，就是我们黄梅戏里不可取代的这么一个小尼姑，她身上带着一种野性，以及小姑娘的那种青春气息，她没有被我们戏曲的程式所捆绑。

当年排演这个戏的时候，有人建议我向昆曲学习，师父（余笑予）坚决不让我去学，他说你要保留自己身上黄梅戏的这种泥土气息，以及没有被程式捆绑过的野性和没有被行当束缚的那种感觉。不能大一统。

为什么我们这个戏所到之处那么受欢迎？因为它充满着黄梅戏的那

---

① 戏曲"像音像"工程是国家重大文化工程，旨在挖掘保护地方戏曲文化，通过选取当代戏曲名家及其代表性剧目，运用现代科技手段，反复加工提高，留下完美的艺术记录。入选剧目要求能代表本剧种的经典剧目，以及本剧种独有的濒临失传的传统骨子剧目，剧目有传承价值，思想内容积极向上，能体现中华优秀传统美德，凝聚剧种表演艺术精粹，展现戏曲艺术独特魅力。

种清新，那种直白，那种透亮，那种自由和自在。

这个人物确实是透亮的，爱憎那么分明，小尼姑爱上了小和尚，就是爱上了啊。小和尚身上那种爱的朦胧，是启蒙性的，带着小和尚的情性。他们的爱是那么单纯，那么干净。

（笔者：那两个角色特别适合你俩，你看你的灵气阳光可爱，张辉的那个憨憨中透出来聪明。）

刚才说到人性的透亮，在这个戏里面表现得淋漓尽致，我也把我自己对这个人物的理解，以及我身上的那份率真，全部附着在人物身上。人物附我的体，我附人物的体。

这次中国戏曲"像音像"工程，是对地方戏的首届"像音像"，过去"像音像"是录制京剧，而这次黄梅戏只给了两家，湖北就是我，安徽是韩再芬，另外，晋剧是谢涛，共39个人。选择每个剧种里精品中的精品。我觉得蛮高兴，这部戏这么多年还存在评委的脑子里面。

从2008年最后一次演这个戏，到现在拍"像音像"，我也有十几年没碰过这个戏了，这是刚去黄冈时，真正的第一部戏，马上就是三十年了。感觉演起来还是那么舒畅，而且大家看完以后仍然那么惊喜，都觉得那么好看，这就让人很惊讶。有人说，像我这个年龄了，还有这样的眼神，还有这样的身段，还有这样的笑，模样里、动作里、眼神里面都透着一种纯真，大家都感到很难得，都说这太少见了。其实我懂得大家的感觉。这个戏魂附在我身上很多年了，我也因为这个戏拿了很多奖，丢下了这么多年，现在再演这个戏，于我来说，一切都是在唤醒，对我记忆的唤醒，包括对我身上每块肌肉的唤醒，唤醒我师父教我的时候的全部记忆，也在唤醒我的青春记忆。除了唤醒我所有的形体记忆，这次拍摄，还有对艺术的反刍。

这次拍摄，几乎是唤醒了我所有积累的经验和度过的时间，一切都活了。

就艺术创造来说，这个戏，真的是太好了。因此，我很慎重，按照我一贯的做法，先排练后拍摄。我就是要找回人物的感觉，毕竟我离开这个角色有些时日了，我和张辉也有那么长的时间没有合作了。需要磨合。

我的要求是原班人马，那个饰演老和尚的老师已经八十岁了，饰演老尼姑的就是现在黄冈艺校的校长，他们都来了，还有我的学生，我都要请回来。我特别不愿意凑合，(对待艺术)我一定要找到我最好的表达，除非实在是没办法，只要可能的话我都是很希望走向更好。

（笔者：动作语言是怎么出来的？）

纵观全剧，第一场去化缘，第二场是挑水。两个人在河边相遇，开始女思凡男思凡，最后双双下山，其实场次倒不多，但是脉络非常之清晰。

导演（师父余笑予）根据演员的条件，他去设计一些动作，所以你看到我在舞台上衣服一开一合，开合的节奏和动作，都是人物里面的，符合人物心理的。它比别的程式的动作，更加有语言，更加明朗，更加人物化。

你看我在佛堂里打扫那场戏。

打扫半天，身体自然就热了，热了我就要脱。只不过，这种表达，放在生活中，要让它更艺术化一点，而在艺术中，就让它更生活一点。大家都知道，庙里的十八罗汉都是泥菩萨，但在小尼姑的思凡中，在她的心里眼里，十八罗汉就成了活脱脱的十八个男人。这是意识流了吧？

（笔者：是的，我们戏曲中早就有意识流，并不比西方晚。）

她在数十八罗汉的时候，她就说这是十八个活男人。这罗汉，衣冠楚楚正襟危坐；这罗汉，敞胸露怀似疯似魔；这罗汉，行色匆匆风风火火；这罗汉，安安稳稳神态自若；这罗汉，慈眉善目唯唯诺诺；这罗汉，贼眉鼠眼偷偷摸摸；这罗汉，横眉立目像阎罗；这罗汉，眉清目秀似韦陀。还有非常可爱的数罗汉，这一个你为何用手儿指着我，夜深人静你不要动手动脚，这一个你为何用眼瞧着我，男女之间你怎敢暗送秋波。还有撒娇似的数，降龙的恨着我，伏虎的恼着我，长眉大仙瞅着我，大肚罗汉那个笑呵呵。你看，她喜欢就是喜欢，生气就是生气，完全是小女孩心理的一种外化。

在拍摄"像音像"时，别人拍出来的现场照片，都能看到我的日常都是在舞蹈，别人问，你跳的什么舞啊？在我来说，我也就是在重复小尼姑的身段表达。

这种身段表达，是挣脱枷锁挣脱桎梏后的那种自由，感觉自己终于像是龙飞于长天。你知道吧，就是一种自由，像小鸟对蓝天的那种向往。你看我的动作，就是飞翔的感觉。

说到身段表达。你看，师父罚小尼姑抄经，抄一抄就打起瞌睡，罚她打扫庙堂，打扫完了就累了。这里的小尼姑不是那种诚心想拜佛的人。她与小和尚不同，小和尚从小就被洗脑了，觉得这个庙就是他的天下。小尼姑是正值二八春时逃婚逃出来的，她对朦朦胧胧的爱是有意识的。最后小尼姑去抄经卷，她一抄就睡觉，一睡就梦到小和尚。到了梦中，两个人开始梦会，等梦醒以后，发现桌子上所有东西全部掉下去了，她就知道这一回要挨打了，就逃出了庵门，逃走时，把一串佛珠在手上甩啊甩的，肢体语言很现代。这个戏的动作和节奏（确实）是漂亮。

《双下山》让杨俊活了，活在戏曲史中。杨俊让《双下山》也活了，也活在戏曲史中，"像音像"工程将永远留下她的倩影。

她由此而永远活成了一个少女杨俊。

5

《双下山》自然是非常好的戏。在戏曲史上，很多戏之所以千古流传，倒不一定是承载了多么宏大的主题，也不是承担了多么大的社会责任，它就是一出与百姓贴近的可以调剂生活和心情的戏，看着，然后乐或者哭，然后有好的唱腔和好的情节，便可以一直流传下去。比如说京剧《春草闯堂》、晋剧《打金枝》等等。

《双下山》具备这些特质。后来，《双下山》在灯光、舞美等方面都进行了一轮修改，向时代靠拢，它至今仍活跃在黄梅戏舞台上，既是剧团的门面戏，也是剧团的吃饭戏，属于新时代黄梅戏的独特创造。

如杨俊笔记所言：

请时光定格在此刻吧，定格即是永恒。永恒里若有这静美的一刻，未来可能遭遇的种种劫难，便已得到了安慰与报偿。努力，不管成功与否，至少曾经美丽。

有了此剧，她便不是曾经美丽，而是美丽了一生。

她确实历经劫难，也确实有过静美的一刻。如《双下山》里的小尼姑，在这尘世间，留住青春和美。而她的努力都将会得到回报。

7.《未了情》 真善美的呼唤

（创新之二）

　　放弃，对很多人来说，并不是一件容易的事，尤其在拥有的东西已经很值得炫耀的时候。但谁也不会否认，适合的才是最好的。因此，当你放弃眼前的一棵大树时，你将可能会拥有一整片森林。

　　　　　　　　　　　　　　　　　　　　——杨俊笔记

1

　　许许多多的人构成一个社会。社会里的人因为情，产生各种社会关系，衍生各种活动，复杂的世界便出现了。

　　情，人们互相关心互相牵挂就有了情，情和爱结合就是爱情。除此之外，还有兄弟情、姐妹情、父子情、同学情、战友情、同事情……众多情，让人分了远近，有了亲疏，纷繁复杂也纷纷扰扰。

　　情多情少，情浅情深，如果没有爱的向导，是不是会走向恶？如果有善的道德先行，世界是不是会更加美好和纯净？

黄梅戏《未了情》就讲述了这样一个故事，一个关于情的故事，能回答我们提出的问题的故事：

青年教师陆云得了血癌，即将不久于人世。陆云只有一个心愿——把眼角膜捐给学生的妈妈，把光明留在人间。完成心愿后，陆云带着恋人写的情书，带着对憨傻的哥哥和无血缘关系的妹妹的无限牵挂，带着对学生的期望，静静地离开了这个世界。

在戏里，杨俊给出了多少种眼神，数不清，怨、怒、悲、喜、痛、伤、爱、怜、恨、厌等，种种情绪都在其中，杨俊就用她的眼睛告诉我们陆云所经历的一切。这部戏不用情感挤压，不用因势利导，因为这人之情字，生活中我们每个人都在经历，而那个从小就敏感、倔强、顽强、心细的杨俊早已在心里都颠簸过。

这样的戏，一边排一边哭。有一天，导演余笑予跑出了排练场，别人问他怎么了，他说，排不下去了，太难受了。

可，哭不是目的，人间真情才是终极情怀。我们这些普罗大众爱看的就是这样的戏，贴近生活，还原人性，呼唤真善美，是润物细无声，是人与人之间真正的体谅、关照与牵挂。

红藕香残玉簟秋，春蚕到死丝方尽。付出是神圣的。

余笑予的导演手法在现在来看都不过时，舞台设计、舞台调度都是干净的有韵味的，这个戏已经过去20多年了，并未减损丝毫艺术魅力。

《未了情》自首演以来，去过乌克兰，杀回过安徽，进过京，可谓所向披靡。在湖北本地更是常演不衰。回顾这种现象，也许对我们如何做一部人人说好的戏是有启发的。也许我们不用考虑社会容量和政治期待，只要考虑戏剧性和人之常情就够了。这一点应该引起戏曲人真正的思考。

而《未了情》是杨俊艺术的最大转折点，也是她人生的最大暗喻，她的"未了情"填满人生的各个角落。

2

关于《未了情》，杨俊自述：

（笔者：为什么他会认为你能演好《未了情》？）

师父余笑予是造角儿的导演，他是鬼才。他看演员的气质，他说杨俊具备了纯洁率真，他说，杨俊充满着一种悲情，是悲情主义者。他认为《未了情》一定是我能拿下来的。

《双下山》还是那种青春少女型，类似于小花旦。《未了情》就是大青衣型，是有厚度、高度和温度的。《未了情》中，他把陆云这个人物放置在特定情境中，让人物成长得血肉饱满，把陆云这个人物托得稳稳当当的。

我觉得，能够在我生命焰火很旺盛的阶段，碰到《双下山》和《未了情》这样处于两极的戏，碰到人物在人生中的这种喜怒哀乐、悲喜交加的大起大落，我真是太幸福了。这样的戏，一生难遇。我就感觉这两个戏在我一生当中是标签式的，让我站立在整个艺术长廊里，站立在这滚滚红尘里，站立在瞬息多变的艺术市场里，站立在这个人才辈出的戏曲圈和戏曲史中。

因为这样的戏，我不会被埋没，我还能够有自己的一个又一个窗口，还能够让别人通过这个窗口去看一看，杨俊所创造的一些角色，这不是每个演员这一辈子都能遇到的。我想拥有的东西在我冥冥之中都逢到了，既幸运也是命中注定。

返回来还说《未了情》，这是现代戏。一个普通的教师把黑暗留给了自己，把光明留给了别人。许多人说，看演出看得都哭了，到最后哭得都不行了，尤其是一个人看的时候更容易进戏。大家说的都是对的，这样的结果，我觉得是平凡中见不平凡。

我在《双下山》里面动作性很强，把我所有的从小学的那些基本功，还有程式语言用得淋漓尽致，云珠啊、拂帚啊都用到了。《未了情》不同，就是要打破所有的肢体语言。人物的状态，设定是个癌症病人，此前没有任何东西可以让我参考，我就认为，要演好这个人物，就是一切从人物内心出发，完全是一种内心体验，其实也是在考验一个演员的内在修养、艺术修养和人生阅历。我们作为演员，储备了多少？在陆云这个人物身上，我储备了多少就赋予人物多少，就能表达出多少，之所以这样，是因为实在没有任何东西可以借鉴和依靠。

《未了情》其中一场，就是找妹妹。场景是在那个舞厅里面。那不是陆云的亲妹妹，是老师的孩子。看到妹妹，陆云内心很多挣扎，真是打不下手，骂不出口。自己也不知道是否能感动妹妹，只能折腾自己。当我们随着这样的剧情走的时候，剧情却反转了，妹妹用卖血的钱，要给姐姐治病，那一刻就感受到了教师的品格，真正的就是燃烧自己照亮别人，这一点在老师女儿的身上又回来了。这种人性的光芒就是文学作品里常说到的蜡烛嘛。

说到陆云的形象，我觉得高占祥给我写的那两个字"爱神"更准确，我能够把教师的这种品格演出来，演出爱神的品质，这个戏对我来讲，就成功了。

（笔者：从大家的感受角度看，到最后，陆云双手垂下的那一刻，可能才是最悲伤的，但陆云和妹妹那一场却是最鲜明的。）

陆云最后离世，那是戏的结果。陆云和哥哥两个人血浓于水的那种悲情，在情感上都是顺理成章的，但是陆云和妹妹还有和自己的学生佳佳的关系，却是这个人物亲人情感关系以外的。包括陆云把一双眼角膜捐给佳佳的妈妈，让这个学生的妈妈再见光明，潜台词就是，自己离世了，最起码还有一个孩子，还可以让健康的妈妈去抚养长大。教师的这种人之为人、人之为师的品格，在陆云身上表现出来的是爱，这爱是微弱又微小的，我却觉得是大爱。大爱是有人性光芒的，都是能留得住的。

（笔者：说说你师父。）

我这个师父很怪，有两个习惯，一个是烟不离手，另外一个就是他的麻将创作。在麻将桌上他能创作出他想要的所有的流动的舞台。《双下山》中平台系列的人动景动，还有莲花开合，都是在莲花盘上表演，都在佛教的语境中。随着我们的表演，莲花平台随时出来或回去。《双下山》就是这样的舞美设计。《未了情》中就是屏风系列。这些奇思妙想，都是他在打麻将的过程中，流动出来的。他打麻将是工作，所以我们每次都会给他营造玩的那个特定环境。他每次排戏，都是给故事或者是给结构。他的创作班子有四五个人，那些都不是大导演，也不是大编剧，他们在一起是集体创作，他是中心人物。说实话，他的创作习惯真是有点奇怪。他从不读死书，也不趴桌上写东西，他还特别幽默，爱开玩笑，整天嘴巴里说得乱七八糟，自己不笑却把我们逗笑得前仰后合的，真是太可爱了，也太好玩了。他就是个戏剧鬼才，是有戏魂的，而且他还是坐在观众肚子里写戏导戏的人呢，观众要什么他全都知道。他要多活十年呀，湖北还要出好多好戏呢。

对于《未了情》，我的认识与《双下山》是一样的，真是好戏。

3

廖奔先生在《蝉蜕的艰难——二十世纪中国戏曲蜕变历程的宏观描述》一文中谈道，当中国社会步入了社会主义阶段，在精神上必须与封建文化进行彻底决裂时，有着深厚传统的古老戏曲被证明除非站在现代的立足点上加以重构，否则不但不能适应与表现新的生活，而且会成为旧文化形态的最后一处蛰伏区域。它必须在旧形式的躯壳内，抽去封建内容的肌血，注入新生活的实体，以保存一种在长期的审美积淀过程中成熟起来的艺术形式和适应由之培养起来的观众审美心理定势……中国戏曲如果不甘于脱离当代剧坛退守传统文化博物馆，它就必须迅速找到

● 杨俊及其团队

在戏曲舞台上沟通现代内容与观众审美需求的形式渠道。

这篇文章，内容扎实，论点明确，说到了传统戏与现代戏的现状和思考。

《未了情》一经排出来，便打动了无数人的心。情是相通的，这个来自中国人内心中的大爱，正是我们几千年传统审美长期积淀出来的审美心理定势，取自于儒家常说的"仁"，并在现代生活的矛盾冲突中表现出来。而要产生让观众真心接受并传播的心灵气势，必须是真的在舞台上找到与现代观众沟通的现代内容，还得有适应观众审美需求的形式。

这就是杨俊所说到的，余笑予是坐在观众肚子里写戏的。这样一个余笑予，是承接了中国传统文化从古至今的心理延续的。高台教化不是宣讲大道理，不是振臂喊口号，而是在真情中润物细无声。同时，观众接受的审美形式，也是要把传统戏中的有效形式，注入现代戏里的，这样的本质不能丢弃，这是一条有效的途径。余笑予深谙这一点，他很注重把这些好玩意儿放进他的创作里面，他在艰难地保存戏曲。杨俊承续师父这一点，成功地塑造了人物，自己也在其中得到了成长。

而杨俊出生在那样一个有爱的家庭，又承接并延续当涂和黄冈那样的文化氛围，她能理解导演的意图，也能演出那样的仁爱。她按照导演的要求，调动身体机能，能用她的艺术和心理创造一种观众接受的戏曲范型。这是她的意义。几年后，她执掌一个团队，便按这样的思考打造戏和戏曲审美。

而这部戏给我们留下许多启示，现代戏如何从传统戏中突围，如何从时代的大潮中突围，如何从纷乱的人性熙攘中突围，是个课题。《未了情》给更多从业者留下了作业，只是善于思考的人越来越少了。

4

舞台上的杨俊很美，又俊又俏，她的发型和服装据说当时引起新的穿衣潮流。那真是人生芳华。

舞台上的杨俊，面对死亡是笑着唱的，所有对亲人的爱，和对人间的不舍，都在她脸上，都在她眼中，她笑着把所有人都唱哭了。

自从离开黄冈，《未了情》就很少演了。然而，演与不演，在戏曲艺术的时空里，它都在那里。

8.《妹娃要过河》 楚地风韵

（创新之三）

人与人的精力和智力差别并没有多大，唯一的区别大概就是"熬下去"和"熬出头了"。张爱玲说，那些历尽劫数，尝尽百味的人会更加生动干净。已经成为行业佼佼者的人，碰到的至暗时刻越来越少了，唯一的愿望可能是再一次彻底沉浸其中，才能再一次激发全部的潜能。

——杨俊笔记

1

妹娃在神秘的气氛中开场。

舞台上。

灯光暗了下来，又亮。

她从高高的土家寨子的木梯上走下来。那么美，带着一丝骄傲、一丝顽皮、一丝青春的萌动、一丝对爱情的向往，缓缓地走下来。现场很安静。这一刻，她不是杨俊，她就是阿朵，那个土家寨主的女儿。

妹娃要过河，哪个来推我嘛？

她在寻找，寻找爱情，寻找生活的明媚，寻找在日常生活之外还该有的一种超越生死的东西。

她也遇到了。

那个客家小伙阿龙，那个花鞭也赶不走的男人。他们相爱了，春风住进了他们心里。他们一遇到，就是彼此可以交付一切的那种，就是天崩地裂、海枯石烂的那种。可是，他们不能结合。

吊脚楼下，他们诀别。这世间，什么最让人难受呢？无非是爱别离、怨憎会，想得不能得，想舍没法舍。那种痛，世间有多少人都经历过，于是这一刻，曾经的春风又把花吹落，所有人的眼泪汇成了一条河，一条龙船河！

无情无爱的日子怎么过？

于是阿龙来抢亲，他们把生死交给了天地，纵身跃下河的那一刻，龙船河涨起来了，波起浪涌。

妹娃要过河，哪个来推我嘛？

我来推你嘛！

一问一答，一曲绝唱。

他们践的是生死之约，生不同衾死同穴，至高无上的结局。

君住长江头，我住长江尾，从此，共饮一江水。

2

舞台上的情境是带有楚地风韵的情境，有神秘的《楚辞》的味道。

龙船调回响着：

正月是新年 (哪咿哟喂)。

妹娃子去拜年 (哪喂)！

金哪银儿锁银哪银儿锁！

阳雀叫 (哇咿呀喂子哟，那个咿呀喂子哟)！

(女白) 妹娃要过河哇，哪个来推我嘛？

(男白) 我就来推你嘛！

每回响一次情节就推进一次，第一次唱起时，阿朵还没有找到意中人，她在感叹：哪个来推我嘛？实在是青春萌动，却无人相应的孤单和寂寞。第二次唱起，阿朵被困吊脚楼，阿龙来相会，两人一人一句唱起来，一声一哽咽，一声一剜心，观众流泪了，那是爱而不得。再次唱起时，阿朵要出嫁，谁来推我嘛，从此后再也没有爱情了，只是去赴一场人生的苦局。最后唱起时，呼喊一声，哪个来推我嘛，他们跳了河，他们去了他们向往的地方，那里有甜蜜的《龙船调》。而观众被抓走了心，落了泪。

爱而不得，求而不得，寤寐思服依然不可得，永远不可得。爱情在世情面前那么不堪一击，不是吗？

人们太熟悉这样的旋律，这是土家族代表性民歌，由利川灯歌《种瓜调》整理改编而成①。

----

① 土家族地区玩灯的历史，十分悠久。早期的玩灯，事实上是土家族区域的一种傩事活动，巫师带着龙灯、狮灯，炸着鞭炮，浩浩荡荡，沿途主持法事，打鬼驱疫。热爱歌舞的土家族人，喜爱一边观灯，一边歌舞。改土归流后，土家族的玩灯的习俗未改，正月玩灯，种类繁多，有龙灯、狮子灯、彩龙船、蚌壳灯、地龙灯、花灯，灯歌由此大兴。目前，利川传统灯歌仍保留下近百首。1958 年，《龙船调》(又名《龙船曲》) 列入湖北群众艺术巡回辅导演出团演出节目，《龙船调》从此一发而不可收，传唱到全省、全国乃至全世界，被评为世界最流行的歌曲之一。有学者研究，《龙船调》的旋律美妙而动听，其旋法与西汉年间《宋玉对楚王问》中"引商刻羽，杂以流徵"的"巴人"(土家族祖先) 歌有关，这是鄂西地区最典型的传统歌曲特点之一。

由这样的民歌变幻出来的情味，让人沉醉。

戏中还有茅古斯舞[1]。

舞台上的茅古斯那么美，它和戏曲是契合的，阿朵就在茅古斯的舞蹈中，见到阿龙，与阿龙一见钟情。

土家族的歌，土家族的舞，土家族的风情。

一腔楚味，一波土家族的民族原始情味，神秘而浪漫地展开，展开的是爱情，是我们生而有之、不能忘却，在生活中几不可得的爱情。

最早最好的爱情，总是与"水"有关。

"关关雎鸠,在河之洲""所谓伊人,在水一方""河汉有女,不可求思"，是水成全了爱情最美的想象。今日的爱情故事发生在龙船河，河水像滋长水草一样，滋长着爱情。

人世间再伟大的功业也终究会烟消云散，爱情却在时间和空间中拥有了一种与世间万物抗衡的力量，发生在河边的爱情，与江河流动的节奏一起，构成一种勾魂摄魄的美（祝勇语）。

这样的爱情，眼里只有彼此，抛掉世俗，抛掉规则，只为一日相期，哪怕历尽千劫，这是爱情最美的样子。这样的思无邪，已经有了几千年的光阴，也将拥有以后的不绝岁月。

---

[1] 茅古斯，土家语为"古司拨铺"，意即"祖先的故事"。汉语多称为茅古斯或毛猎舞，是土家族流传至今的古老的表演艺术之一。主要于每年岁首参与土家族摆手舞中作穿插性表演，也有在一定场合单独表演。茅古斯以近似戏曲写意、虚拟、假定等技术手法，表演土家祖先渔猎、农耕、生活等内容，既有舞蹈的雏形，又具有戏剧的表演性，两者杂糅交织，形成浑然一体的祭祀性舞蹈。茅古斯相传为茹毛饮血时代的土家先民,后来把他们所创造的舞蹈也叫茅古斯。茅古斯舞是土家族最为原始的古典舞蹈，是土家族为了纪念祖先开拓荒野、捕鱼狩猎等创世业绩的一种原始戏剧形式，流行于湘西永顺、龙山、古丈等土家族地区。茅古斯虽然还不是成熟的戏剧形式，但已有模拟远古先民劳动和生活的故事情节，并通过舞蹈、道白来表达内容，被专家称为中国戏剧的"活化石"。1959 年,中央民族民间舞蹈考察团将茅古斯划入舞蹈范畴，并认定是中国舞蹈的源头之一。

由此来看,《妹娃要过河》能演下去,永远地演下去。

3

对于这个剧的音乐呈现,因为黄梅戏和龙船调是两个极具个性又深入人心的音乐,还要整合在一起,还要出彩,是很难的,这对作曲徐志远确实是个挑战,也就有了这样的"斗争":

徐志远:这就像水和油一样,无论如何也融合不了,叠加不了。

杨俊:那你就把油变成牛奶,不就可以水乳交融了吗?

徐志远:我又不是牛,哪来的牛奶。

杨俊:那你变成牛吵,不然,我请你徐老师干什么呀?

徐志远:若是要硬性把它们搅和在一起,那必定是既不像黄梅戏,又不像民歌,非驴非马,不伦不类。

杨俊:就是搞成黄梅民歌也是一大创造啊。

徐志远:我的小妹妹,你还是饶了我吧,这个任务我完成不了,你给我的创作费我退给你。

杨俊:马兰主演的《秋千架》是不是你作的曲?

徐志远:是啊,怎么啦?

杨俊:你在《秋千架》中是不是做了一个新的探索、新的尝试?

徐志远:《秋千架》里我是做了一些新的尝试,把黄梅戏和音乐剧结合。

杨俊:既然黄梅戏能与音乐剧结合,那为什么黄梅戏就不能与民歌结合呢?既然在《秋千架》中那么前卫,为什么就不能在《妹娃要过河》中也前卫一回?

徐志远:你这个杨俊,搞了半天,你把我给绕进去了!

这一段话，信息量很大，包含着徐志远的思想斗争过程，也包含着杨俊对这部戏最深的理解。

我找到徐志远先生。他说，曼君导演说的是对的，杨俊说的也是真的。这部戏真的是很难啊，难到我迟迟无法创作，别人还以为我是散漫的，实际上不是，是两个音乐质地都很强的东西，一个利川民歌，一个黄梅戏，我无法把它们整到一起，头疼得很，最后当然是问题解决了，现在看起来很顺利，可当初不是那样的。开始的时候我找不到下手的地方，简直难如上青天。

徐志远说，对于这部戏，回想当初，就是一个"怕"字，怕死了，怕得只想逃，甚至想推掉一切，一走了之。杨俊他们给了蛮长的时间呢，死活就是写不出来，被逼到一定分上时，就是晚上熬夜作曲，第二天马上付排，看了排练成果，当天晚上继续作曲。那真是高强度的工作。

徐志远先生曾说过如何打通这个关节。说这个事时，是在赣州，我们坐车去看宋代城墙。在路上，他举过一个例子。"哭嫁"那一场，当时创作过不去，他去把所有的音乐资料全部抱出来，一页一页地仔细琢磨，他发现，庞杂的音乐素材里，关于哭嫁这么一个大的仪式，音乐记录却很少见诸文献。找啊找，终于还是找到一首有关哭嫁的，看到这个，徐志远当时脑袋里就"咣"的一声，原来在学校时学过的"民间音乐三音列就可以成曲调"这样的理论，真的在民间存在着，恍然大悟。原来庞大的东西，本质是简单的，他解开了"扣子"，这就好办了。又想起他们采风时遇到的民间哭嫁，一抽一噎，一抽一呼，它完全是民间的咏叹调，那就把抽泣的元素组织起来，把三音列组织起来，他把他想起来的所有东西糅合进去，全部"嫁接"到黄梅戏上。这一下，接通开关，灯亮了，一开便是百开，一触类便是全部旁通，全剧音乐便都出来了。说到底，就是如何在利川民歌和黄梅戏之间搭桥的问题，虽然这两个东西很强势，好像格格不入，实际上按徐志远的话讲，底色是一样的。既然如此，便能够运用音乐的手法，实现完美过渡。这样的音乐，就是非常简单的形式，最原始，却最直接和动人。

观看到杨俊在舞台艺术地一抽一噎后，许多专家认为这部戏的"哭嫁"，是"天下第一哭"。

曼君导演当时听得直点头，甚至多年后，曼君导演对这个音乐依然津津乐道。不仅是曼君导演，很多很多参与的人，都在津津乐道。这是音乐的魅力。当然，它归于民间，中国民间生存着许多有生命力的文化，只要我们沉下心去采撷。

为了这部戏，杨俊多次和徐志远"吵架"。也是这部戏，让曼君导演认识了他，并很快"溜"进张导的"部队"。

徐志远说，这部戏让他再次体会到杨俊的文学底子和创意性的思路。

这部戏是杨俊的高光时刻，也是徐志远的高光时刻，就是这部戏的作曲，让徐志远获得了"文华奖作曲奖"。

我们现在来回味，那种从黄梅调的母体里生长出来的龙船调，那样一种舒畅的音乐一贯到底，唱起来时，龙船调粗朴的民俗音色，总能在黄梅调婉转的自然流淌中张扬出极具表现力的变奏技巧，更展示了表演者拿捏两种地方曲调的艺术功力。黄梅戏没有夺走龙船调的光芒，龙船调也没有减弱黄梅戏的味道。

徐志远还说，这是他挣来的宝贵经验，此生都难以超越。

而鄂派黄梅戏的诞生，除了地方特色和民族风情，还有音乐的卓越贡献。

4

关于《妹娃要过河》的排演过程，曼君导演曾有过精彩的阐述。她用她那明丽而坚决，直爽而干脆的笔调写道：

这个戏里面承载着我更多的东西。

我呼唤编导一体，就是要尊重、介入、提升、物化戏剧文学。《妹娃要过河》就有这样的体验。

用黄梅戏演一个土家族的故事，这个事不好做，黄梅戏的委婉和土家族的粗犷不知道如何结合在一起，在这样的情况下他们就想到了张曼君。

一般讲到少数民族，人们就把人家的礼俗搬出来作为特点，而我恰恰是要把这个礼俗的所有方面变成事件的背景，让它成为故事。比如说女儿会，也许就是男女主人公相恋相识的日子；比如说跳丧，就是人死了以后必须得跳丧；比如说哭嫁，在什么情况下我们去哭嫁。当时我还不知道有茅古斯。我要让它成为不是表现礼仪或者是习俗的点缀，而变成我所要呈现的故事必需的情节。恰恰是这个想法引起了我的绝对兴趣，它对于我来说有很大的挑战性。

第二天我们去恩施采风。这一路上我甚至想找到土家族最原始状态的一些传说故事。整个采风过程当中我就在女儿楼那个地方突然灵光一现，我说我不能写一个黄梅女或汉族女的故事，我一定要在一个民族里去展现故事。我完全可以做到。这是第一点。第二，习俗的元素一定要加进去才是土家族的特点，还是鲜明的特点。怎么样来推进我的故事，架构很重要。这个女儿楼，女人要出嫁之前只能在楼上，这和现实生活是隔离状态，它就会造成爱情的障碍感，有戏剧性。我一看这个女儿楼，我就想到我曾在俄罗斯看到过《罗密欧与朱丽叶》，我对导演的几个舞台处理记忆犹新，迄今为止我都忘不了。最著名的一场戏就是楼台会，罗密欧和朱丽叶的攀岩形体造型到了一种玩杂技的地步，但那绝对是在人物情感和人物行动当中的，非常非常棒。那是不是只爬女儿楼这一下就行了呢？不行，我一定要造成一个家族或者是什么样的不平衡使他们两个不能在一起，他们两个要"偷情"，这就有了一个戏剧冲突的点。罗密欧与朱丽叶是因为世仇不能在一起。我当时就说我要搞一个黄梅版的《罗密欧与朱丽叶》、土家族的《罗密欧与朱丽叶》。随后我在构思过程中更坚定了我的想法。

我就留下来，开始谈，谈故事的编创。我想到朱丽叶这个角色比较适合于杨俊，她长相俊美，看起来很年轻，我从来没想过给她设计中年以上的角色。朱丽叶这个人物不太有主动性，杨俊的主动性也不够，主动性不够的话那唯一一个能够表达土家族强悍特点的，我们司空见惯的或者是心里给它打上一个标志符号的，就是野性。能够表现野性的只有一个人物，那就是图兰朵，她是图兰朵版的朱丽叶，那就把她合并为一个性格是火辣辣的，然后她遭遇到的爱情是被阻止的土家女子。那我还要设计另外一个男性进来，可能会是他们家的世仇，也很有可能是一个汉族男娃，最后编成故事。

剧本写出来我一看，瞠目结舌，我觉得不行，这个时候我才想到了我得用一个爱情为主体的土家民歌去支撑它，《龙船调》就这样一下子最有代表性地跳出来，还有什么比这个题材更适合代表土家族、演绎爱情呢？我要找到这个《龙船调》，我非要写它。

我要利用湖北的一切特色组装出我的故事。

那么多的人一起参与才有最后这样的呈现，所以其实它真的是编导一体的作品，是在高度要求或者约束下的一次抓紧时间创作的真正实践。

这个戏大家都诟病于它故事的单薄，后来我发现咱们传统戏曲里面比它单薄的东西有的是，我把一个比较单薄的故事组装到了一定的习俗背景，它就产生了不同的意义。它比较对题地展现了土家生活，这个我认为是难能可贵的。而且这个呈现基本上是在舞台有画面感的呈现中进行的。

它真的是导演的预谋。

我认为它其实是在源头上找到了戏剧最根本的东西——视听的故事，歌唱的故事，而且是具有鲜明特点的、又有普遍人情的故事。

我们要确保黄梅戏的原汤原汁。这个原汤原汁应该是大家耳熟能详普遍认同的原汤原汁，所以这个戏加上《妹娃要过河》这个利川民歌的桥梁，形成了看到这个戏没有任何人说什么都记不住，只记住了一个《龙船调》，这是没有的。《龙船调》给了我戏剧动机，同时我把主题歌变成中心思想，所以主题歌两边都拿着，又不是黄梅也不是民谣，是处于两者中间的一个东西，带着一点点黄梅色调，但是是一个音乐连接融汇的戏剧。

整个习俗动作和我们黄梅的抒情融合在一起，我觉得这条路走得很稳。是黄梅戏调的样子，土家族在这个地方也不会因为黄梅太过温婉而削弱了民族的力量，因为它有标志性的龙船调出现。当我们面对这样的命题题材时，我们走进了人物和人物关系，走进了一个剧种甚至走进一个剧种新的拓展可能。

这个戏我可以再次重申它就是按照音乐剧的呈现方法去做的，我不妄自菲薄，此时此刻它散发着这个年代特有的魅力走到了大家面前，我觉得挺有意思。这个创作过程就是在限制下飞翔。我觉得这是能够总结值得总结的。

在整个创作过程当中我发现，一定要用非常典型的一个剧种的旋律去对应，赢得观众的耳朵。不是说原汁原味的黄梅戏，如果很复古，听着很陌生，不行，我们的记忆就是《天仙配》《女驸马》《牛郎织女》这类的东西，就是要用这样非常强烈的符号去对应。

我写了主题歌的歌词，"妹娃要过河，想（这个）情哥哥，山在这边水常流，哥哥呀，等你把我推过河"，这是我的主题歌。后来这首歌不断地演唱，不断地变调子演唱，这是非常好的根基。这个词加上徐志远的山歌体，非常好听。

这是导演角度呈现的事实。导演阐述引用得比较长，虽然是节选，也一定程度上可以让我们了解这个戏的诞生过程。后来，这样用22天排出戏来的张曼君，被大家称为"平地起高楼"的导演。

导演的创造，是这部戏成功的一个关键。

在2021年杨俊从艺40周年演出研讨会上，曼君导演说："十年后看她仍然从吊脚楼上走过，美还是美，我看得出这里面多了一些沉重的气质。看现在的杨俊，我觉得她清醒地接受十年前的创造初衷，走到今天，她呈现出来的某些沉思、某些重量，恰恰是在这个人物身上有机地找到了一种融合。看十年前的自己，再看现在的杨俊，其实她帮我完善了、完成了一名导演对一个剧目所有的寄托和想法，当然也承载了鄂派黄梅能否走得开，传出去、传下去的一种可能。"

5

谈到这个戏，杨俊自己当然也是满满的回忆，因为它前无古人可借鉴，也无旧戏可观摩。

杨俊自述：

这是特另类的一个角色，就像图兰朵。阿朵和我们过去的黄梅戏中那种温婉、抒情、清新的女性不一样，而是充满了野性。她是用鞭子来征服世界和谈恋爱，外强内柔。那种爱的表述比较直白，少数民族文化中，对爱的表达，相比较汉族更直接一些。我们就直接用戏曲的一种方式，更加鲜明地来表达这个人物。过去的那种含蓄的、循序渐进的节奏就不存在了，而是直接地甩出三鞭子，给予对方一种强烈的爱的印记。

阿朵的心理是很奇怪的，毕竟是寨主的女儿，跟她订了婚的还是一个小丈夫。这样的婚姻当然是畸形的。这就让阿朵的性格呈现出忧郁和外强中干的特点。畸形的婚姻又造成她的那种叛逆。

在剧中，二十年前的母亲就是二十年后的她自己，所以阿朵其实活出了两代人的人生，这就注定了人物的复杂性。那种张扬或者说飞扬跋扈的一面是命运使然。作为寨主女儿，就必须要有强大的内心世界。

这种人物心理和人物表达我是第一次遇到。

说到怎么设计动作。动作是外化的，这一鞭子怎么打，怎么打下去，这里有音乐的帮忙和衬托，加上肢体的表达。这个舞台呈现就是这样从内到外的衔接，既有技术层面的，也有内在表现的。演员本身就具有一种能力，或者经过长期的学习和训练也能赋予那种模仿能力，在排练过程中，导演或动作设计可能讲个基础，至于怎么才能更适合人物，一定是在演员身上，靠演员自己调动全身机能或表演记忆去体现。最后呈现在舞台上的，大家看到的，既有老师的设计，同时也有自己的储备，并且每一场都不一样。

这个人物也是在剧情的发展过程中而发展着的，你看，从开始爱而不得，到后来就是非他莫属，到最后双方殉情寻死而去。这种心理发展，我觉得也体现了一个演员历练的过程。这种历练过程，从语言、诗意到造型都会有变化，从开始阿朵那种娇娇的神态，从那蛮狠的犀利的眼神，到最后温柔地面对自己的恋人，神态和眼神都不一样。这对演员的表演就提出很高的要求。

戏演到最后，对恋人的包容，对母亲的理解，包括阿龙父亲对自己母亲的伤害，这一切都融在阿朵的包容与谅解下，这样他们才拥有了自己认为的那种人生。

戏里的地域风情特别浓，和寻常演汉族少女，肯定是有很大区别的。首先是题材决定的。很多人会问，那是什么样的区别？我觉得，少数民族可能过去多以形体来表达爱情，他们爱跳舞，这和汉族女性的含蓄不一样。

从文本来看，这里有湖北文化特色，有鄂西风格，又有我们利川民歌，还要用黄梅戏来演绎，这里有太多的东西需要结合，就像咸鱼、红烧肉，看似搞不到一起的东西，真要找到了它们的融合点，照样可做出可口的"龙虎斗"。

这个戏，是我来到武汉以后第一部大戏，也应该是奠定我在武汉地位的戏。这个寻寻觅觅的过程，其实我觉得挺不容易。我们的领导给了这么一个方向，一定要是鄂西文化的，一定要是鄂派黄梅戏的，这个文化是永远搬不走的。它属于湖北的地域文化，属于湖北的原创，这就独特了，这就很典型嘛。

《妹娃要过河》树立了我的一个品牌，我的黄梅戏高度也是在这个地方。它是我沉寂七年以后的最新表达。

一个演员这一生能有多少原创啊，最起码对于我来说，并不是很多。一切东西都是要有积累的，有时间的积累，有作品的积累，有经验的积累，有遭遇的积累，有情感的积累，有人生际遇的积累。由此累积才能创造出《妹娃要过河》这样的戏。

6

就像杨俊笔记中写到的一样，她又一次全身心沉浸入艺术中，创造出了阿朵这样一个妹娃，创造出鄂派黄梅戏的一个里程碑。

沉浸，是的，沉浸，杨俊一生都把自己埋入黄梅戏中，哪怕尝尽百味，哪怕历尽苦难，哪怕备受煎熬，从不悔。只有这样的决绝，才能一次次绝处逢生。

9.《党的女儿》 信仰的力量

（创新之四）

　　文化，一味地靠政府扶植，估计就扶不起来了。有生命力的文化，要经得起市场竞争。竞争就要精打细算，要降低交易成本。观众是沃土，戏曲是鲜花。中国人的思维内核是群体意识，要为群体着想，也要为群体负责，以该群体荣辱存亡为自己的荣辱存亡。

——杨俊笔记

1

　　"心中有信仰，耳旁有誓言，这才是真正的共产党员。"

　　剧中人田玉梅临刑前说出这样铁骨铮铮的言语。

　　在没有真正看到黄梅戏《党的女儿》之前，观众对红色题材并不如传统戏和新编历史剧那么热衷，可是，随着开场后，玉梅一声"七叔公"，鹃子一声"妈妈"，立马喊下观众的泪来，不由得让人产生兴致。回顾那些流传百年千年的戏，无不是在写情。

● 合影(杨俊、李胜素)

　　一开场，便给人一种意象，红色的杜鹃花。《史记·蜀王本纪》记载，古有蜀国国王杜宇，很爱自己的百姓，死后，他的灵魂变为一只杜鹃鸟，每年春季要来唤醒自己的百姓。声声啼血，鲜血洒在地上，染红一道又一道山坡，花朵吸收这些鲜血变成了杜鹃花。而杜鹃鸟发出的声音是极其哀切的，犹如盼子回归，所以也叫子规。中国历史上为家国为民族死去的人，他们都像这啼血的杜鹃，留下的哀鸣声声凄切动人，他们的殷殷嘱托、声声不舍，都是血泪。贯穿全剧的满山坡的杜鹃、啼血的杜鹃，是革命的象征，是前赴后继死去的先烈的象征，是信仰的象征。这一意象用得很好。

2

实际上，《党的女儿》自小说到电影、到歌剧、到京剧，再到各地方戏，早已成为红色经典剧目。

数一数它走过的历程，就知道它为什么能长久地立在文艺长廊之中。

起初，只是文学家王愿坚的一个短篇小说，名为《党费》，全文七千多字，发表于《解放军文艺》1954年12月号。小说描写了女共产党员黄新为了交纳党费和掩护游击队的同志，献出自己生命的故事。

1958年，长春电影制片厂把这部短篇小说改编成电影，由林农执导，田华主演。内容与小说已大不相同。主要人物成了田玉梅、桂英、马家辉等。①

电影剧情不再说党费，而是讲田玉梅对党的忠诚。当时，还是有着鲜明的时代性的。这部影片公映后引起很大轰动，成为红色经典中的代表作品。后来茅盾在评价该片时说："田华同志塑造的田玉梅形象，是卓越的。没有她的杰出表演，这部影片不能给人以那样深刻而强烈的感染。"

1991年，歌剧《党的女儿》创作成功。著名编剧阎肃参与创作。

---

① 电影情节大致是这样的：第二次国内革命战争时期，兴国桃花乡处在白色恐怖中，党组织被敌人破坏，玉梅和其他七个同志被捕。在被敌人枪决时，玉梅死里逃生，要把党内有叛徒的消息转告给区委书记马家辉。马家辉妻子桂英揭露了马家辉的叛徒嘴脸。玉梅死里逃生，而桂英却被打死。玉梅找到东山游击队，成立党小组，坚持斗争。在一次行动中，玉梅把女儿小妞和党费交给游击队员小程，玉梅被抓走。小程将小妞送到新四军文工团。革命胜利后，王杰将军与小妞父女相认时，小妞交给爸爸一个小红包，里面有玉梅的党证和两块银元。王杰告诉小妞："你妈妈是我们党的好女儿。"

阎肃说，当时的想法很简单，就是把故事讲圆了，把握准人物的心理，这样老百姓准爱看。18天后，剧本写作成功。共六场戏，每一场的情节发展和矛盾冲突都是以"情"为核心的。姐妹情、夫妻情、母女情、战友情、同志情、鱼水情等等，情交织在一起，人物都是可感可信的。歌剧当年在首都一上演，就引起轰动。

从1958年小说写成，至今已经过去了63年，一部红色经典剧目一直在上演，还是能证明它的内在魅力。

3

2018年7月举行的首演媒体见面会上，杨俊坦言，自己从来没演过这样的角色，对田玉梅的诠释不能只是简单地"把一个农村妇女塑造成一个生来就坚不可摧的人"，而应当顺应人物的情感轨迹、成长轨迹自然地流露。

关于音乐和唱腔，杨俊认为，唱腔才是升华这部戏的"魂"。她说："黄梅戏演员从小训练的是中低音区，高音很少碰。但玉梅这个人物从普通妇女成长为共产党人，她是坚毅的，有顽强不屈的精神。作曲家徐志远给我们确定了音乐气质，在玉梅身上会听到很多高昂的东西，演唱上必须借助于真假声结合、转换。可以说，这部戏拓宽了黄梅戏的音域，创新和丰富了黄梅戏的唱腔。"徐志远先生说，这部戏就是以民乐的方式，在一个相对自由的状态下创作，过程还是很顺利的。

单跃进评论这部戏的音乐时说："《党的女儿》的音乐创作系统性强，结构完备。虽说乐队编制以民乐为主，但音乐织体丰满厚实，主题音乐的提炼明晰，唱腔的铺排自然，手法娴熟。创作者丝毫没有被歌剧原著强大的音乐语汇震慑住，而是我行我素地徜徉在黄梅戏的音乐王国里，所有的音乐手段和元素的运用，始终围绕着演员的声腔演绎而展开，用声腔塑造心目中特定的人物形象。"

至于为什么移植《党的女儿》，杨俊说："这应该是时代需要。黄梅戏要拓宽它的现代表现方式，而目前红色题材盛行在各大舞台上。我觉得没有特别好的文本的话，还不如移植。"

他们去看了严凤英的本子，还把其他艺术舞台上的《党的女儿》都拿来看了。经过讨论，觉得歌剧版本更贴近生活，更贴近黄梅戏。黄梅戏的乡村音乐气质和歌剧的民族音乐气质十分相近。如能有歌剧艺术的加持，是一个不错的选择，这样保险系数更大。

好音乐加上好题材，还有演员们的创造，这部戏收获了一定的好评。

4

说到排练这部戏的那段时间，杨俊的小姐姐杨林滔滔不绝。

为了让杨俊排好戏，小姐姐带着老妈在杨俊家住了半年。这半年的时间，杨俊每天都是早上干干净净地出去，到了下午或者晚上回来全身湿透透的，回来还要练唱。小姐姐很能干，那段时间承包了家里所有家务，让家里每个人都妥妥帖帖的，让杨俊排练回来能吃到热饭，每天把她排练的衣服全部洗了。她对杨俊说，你只需要保证你的身体，只要能把《党的女儿》拿下来，做一切都是值得的。

在排练过程中，小姐姐带着老妈偷偷去看。看到为了一个音符，杨俊就向乐队老师发火，她们都吓一跳，不过也习惯了，杨俊就是这样的脾气，在艺术上绝对一丝不苟。她们知道杨俊的腿有毛病，排练过程中，真是担心死了，没办法，杨俊认死理，每次排练都和正式演出一样。家里人很心疼，却帮不上忙，只能在生活上给予一点照顾。

演出后，反响非常好，小姐姐和老妈特别高兴。

看着鲜花和掌声，家人知道她是用什么换来的。

几十年来，杨俊都是独自在外打拼，这是几十年来家里人离她的艺术最近的一次。

5

　　对于这部戏，导演有自己的设定，回避了人为的崇高，而是着力于人物情感的内在开掘。比如说夫妻情、母女情、姐妹情，这些情感才是通向与观众共鸣的桥梁。

　　夫妻情。田玉梅一个生长在黑暗时代的女人，她有普通人的情感，对远行的丈夫有无尽的思恋和渴望，丈夫是她的精神依托，是丈夫引导她走上革命道路，是丈夫让她知道了活着的意义。面对村民的误解和斥责时，是远行的丈夫给了她信念的力量。浓浓的夫妻情感深埋剧中，这种朴实的情感为剧情奠定了坚实的基础。

　　母女情。"刑场托孤"和"劫后重逢"，母女两场戏的"一离""一聚"让人动容。原著中，敌人在刑场上以女儿相要挟，让田玉梅说出游击队的秘密。田玉梅为了保住游击队，而选择了和孩子一起就义。这样的事实过于残酷，但这样的情节是那个时代的产物，是合理的。这样的设置推进了剧情，直接把人物推向两难境遇，但有点太残忍。这次他们改编没让孩子一起赴刑，而是让游击队员小陈带孩子走。这样，留下的不仅仅是孩子，留下的还是血浓于水的母女亲情，是我们普遍理解的人性。观众感到的是浓浓的人性温情。

姐妹情。桂英生性懦弱，面对酷刑和丈夫马家辉的叛变一度神志不清，田玉梅对这位同道者，充满姐妹般的疼爱，正是这样深厚的姐妹情感，唤醒了桂英的革命意志和决心。桂英终于"背叛"自己的丈夫，走向正确的革命道路。

是这样的温情和温暖，让我们与红色题材的戏不再有距离，而是可触可感可信。

杨俊，敢于挑战这样的戏，确实是勇敢的。人们看多了杨俊在舞台上的小女人角色，《双下山》里的小尼姑，《未了情》中的陆云，《妹娃要过河》里的阿朵，是那么小家碧玉、那么温婉柔弱。而《党的女儿》里的田玉梅，是大女人型，她身上有中国人的宁折不弯的脊梁，有共产党员的忠诚和信仰，她身上还有坚定和勇敢，一直往前的不服输的精神。

10.艺术之杨俊说

回想我这一生，记忆最深刻的就是漂泊的那七年。那七年对我来讲，也是不堪的七年，正活跃在舞台上的一个人，又是一个演员最黄金的花样年华，却把七年的时间用在等待中。那种焦虑，那种无意识的行尸走肉般的生活，真没什么快乐可言。也因为是有那口气吊着，我既活在我过去的艺术中，又活在别人的美慕中。

《妹娃要过河》对于我来说，也是一种重生，反映在人物上也如此，人物离不开我的人生。不仅仅是《妹娃要过河》，就像当年的《孟姜女》，它也是一种重生。我怎么唱念做舞，我怎么体验人物，其实都是我生活中某些时候的情景和思想再现。

我总觉得我没法像其他人一样，能平平淡淡地走过来。我总是得把自己打碎了打死了，再爬起来重新跑，这么多年来，总是有这么一个过程。也可能是我自己觉得自己像皮球一样，反弹性很强，你真的给我一个很好的环境，我可能会不适应，仿佛必须得有一种压力，才能激发出我更多能量，我会干得更好。

戏和人生阅历是有关系的。

那个时候演《双下山》，我人生阅历很浅，仅仅是体现一些真实的我。后来，就是跌倒，爬起来，爬起来，再跌倒，再爬起来，在这种轮回中翻了个遍，折腾了，还要再再再折腾。当然，爱情故事也是人生不可缺少的环节，在某个阶段，就上演着戏中的那种挣扎、对抗，说到底，其实生活就是这样子。

思来想去，我觉得人生最痛苦的是选择。比如说，《妹娃要过河》对于我来说，就是多种选择。有的选择，能够自己掌握的话还好，有的东西是无法选择的，那就只有接受，被动地接受，最后到主动地背叛，如果在这个过程中产生不服的情绪，结果就会是悲伤。心情不好的时候，事业不顺的时候，其实更多地能产生出特别好的一种语言出来，肢体语言、戏剧语言、生活语言、艺术语言等，还有一种艺术形象也能被激发出来。这也是一种内心的外化，人生顺风顺水的时候，还真不行。我还蛮喜欢磨练的。在这个世界上，命运让自己承受了多少，生活就赋予了自己多少，这些真的在戏剧人物身上的某一点都能看得出来，因为生活对每个人的磨砺不一样。李修文作品中人物的那种沧桑、荒凉、孤寒、绝望，不知道他怎么能遇到，我想，肯定与作家自身的人生磨砺有关系。

你看，《不倒的门楼》《和氏璧》，都是我在人生节点当中遇到了该遇到的机缘，遇到曹其敬导演，她开阔了我。虽然那个角色还不算有特别的影响，不过，不成功不是因为表演，是因为题材的选择，《和氏璧》是宫廷戏，厚重的宫廷戏是黄梅戏承担不了或者说接不住的。黄梅戏还没能找准它的表达方式，还没找准我们的文本。但我觉得，《和氏璧》给我最大的收获，就是让我有意识地包容性地融合性地去借鉴尝试其他戏的题材，寻找打开、挖掘、拓宽黄梅戏的方式。

余（笑予）曹（其敬）张（曼君）三位导演，都是极具才华、极具个性的人，他们都不那么按部就班，而且很爱折腾。他们都说，总是觉得我身上有艺术家的气质，不是一般演员的气质，其实我都是跟他们学的。我跟他们学会创造，我的思维和一些理念就来自他们对我的培养，说白了，也就是潜移默化地让我进入创作思维，进入导演的世界，然后有了别人还没有的考量和眼光。他们打开了我的世界，打开了我的眼界，也打开了我的思维方式。就是说，除了看到自己，还要看到别人。我学会在别人的语言和语境里，找到自己对艺术的感受。他们几个人都是导演行业的精英，遇到他们，这是我的福气啊。好的导演，教会你一出戏容易，但教会你一种思维方式不容易，这是给了你一把打开世界的钥匙，有了这把钥匙，可以举一反三地做很多事情。师父余导就曾说，杨俊这样的演员，你一个导演驾驭不了她，她就驾驭你啊。我也不知道是不是这样子，但我知道我没弄明白的事，是不会妥协的。

我这一生，能够从事黄梅戏事业，能够在光影中宣泄艺术情感，那真是幸福之中的幸福。

我自己觉得跟黄梅戏的前世今生的这种渊源，包括经历的人生起伏都差不多。这种起起伏伏都没有离开过大家的视线。一个人的作品有高有低，人的发展也有高有低，黄梅戏的发展也是起起伏伏。五朵金花这一代的沉沉浮浮，如果去看整个过程，你就能看出来。

说到总体性理解黄梅戏，我觉得，黄梅戏首先是一个美丽了很久的仙女，追根究底，应该就是从"七仙女"开始的，从很早很早的"七仙女"走过的年代开始，到现在始终是一个美丽的仙女，一直活在人们的心目中，从来没有倒塌过。虽然随着时代的变化，这个仙女的成色或高或低，但是她始终在那一道风景线上。

对黄梅戏，大家是有期待的。但是这个剧种厚实感不够，这是剧种先天气质造就的，当然剧种的积累也是决定性因素。它不像其

他的动辄上百年上千年的剧种，有那种厚重感，所呈现出的一切都有它们自己的表达方式。黄梅戏年轻，也青春，只能是拿来主义，你的好，我拿来就用。它是很灵动的一个剧种，相对来讲，也没有包袱。只是到了后来，受到了多元文化的冲击。这个境遇，不是只有黄梅戏如此，每个剧种都有。

如今戏曲式微，我们这个传统戏曲整体情况呈下降的趋势，受众在下降，关注度在下降，从业人员的专业性不够，奋斗的信心也下降。戏曲还有多长时间？我们还能坚持多久？这样的问题被提出来，就是自信不够了啊，尤其在互联网时代，我们的发展受到了更大的冲击。传统艺术应该怎么去发展，怎么去找准它的方向，也是我们从业人员当下需要思考的。我们不能盲目乐观，我们应该看到我们的不足。

我们现在还能回顾前辈们所奋斗的那个美好时代，那么，现在这种时代是不是我们遇到的最好的时代呢？大部分人认为这不是戏曲的最好时代。可传统文化真的是我们文化基因里的DNA，是我们不可缺少的，是我们中华文化的组成部分。对文化的认同感，都是长在我们血液里面的，也是我们必须表达的。现在我们所有的日常表达，都来自我们的传统文化。但是，也要想想，我们的戏曲，我们的文艺，是不是我们生活中的必需？与我们的生活是否息息相关？是不是不看戏就活不下去？答案是什么？时间久了自有答案。

······

艺之缘

—— 戏里戏外

好的戏剧，是与人民共同创造的

安东尼奥尼说："进入一个空间里面，我先沉浸十分钟，听这个空间跟你诉说，然后你跟它对话。"

面对杨俊，我们都应该进入她的空间，
沉浸超过十分钟，保持一定的距离，然后再
学着诉说。

1.文化遗泽

山水都，那是杨俊的文化源头

每个人的个体文化基因都生自最初与故乡的连接。

当涂最早被称为丹阳县，那时是秦始皇二十六年，推行郡县制，有了丹阳县，即今日的当涂丹阳镇，属会稽郡管辖。隋开皇九年，置当涂县，县治姑孰，当涂始定。宋元明清，当涂县名未动。1912年，当涂县直属安徽省。1983年7月，改为马鞍山市属县。一直到今天。

小小的当涂，从国、郡、府一路缩小至县级建制的地方，却是大大的文学或文艺的故乡。

这里来过许多名人，诞生过许多锦绣篇章，谢朓就把它称为"山水都"。李白曾7次来过当涂。

历史和地域文化渊源之证明，不用太多，有一个李太白足够。

当涂县城东南有青山，青山自是青山，也伴绿水长流。

有资料里写，李白最后病死，托身于当涂县令，也就是自己的族人李阳冰，还把自己的诗稿交与李阳冰，嘱他结集出版。唐宝应元年即762年，李白死后，葬身于当涂的龙山东麓，55年后，即唐元和十二年

（公元817年），李白生前好友范作之子范传正与当涂县令诸葛纵合力将李白迁葬于与龙山相对的青山。

青山有谢朓，是该让太白先生与他仰慕的谢朓灵魂在青山相遇。

青山脚下，李白墓园静静地矗立，如果真的寻觅到这里，自然会感知到幽静和诗意。过了牌坊、假山、李白塑像、太白祠，就站在这位才子墓前了。墓前立一墓碑，据说还是杜甫的真迹，上有几个字：唐名贤李太白之墓。周围植有绿竹，墓上的草，也绿着，周围环境便如太白之诗，清纯又灵动，风雅又简单。

太白的一生恣意飞扬过，受过青白眼，一生与月结伴，走遍大河大山。到最后也得离世而去。这样一位诗仙，竟然在一生短暂的时光内，还是交通不发达的情况，7次来当涂，是有多喜欢这里的风景风情啊！！

他来了，写下《夜泊牛渚怀古》《望天门山》《横江词》《姑孰十咏》。他总是在极目天下的畅想中走向这里。终于，在上元二年，他抱病登青山，又永远地留在了这里。

作家李修文在《最后一首诗》中写道李白的"大鹏飞兮振八裔，中天摧兮力不济……"大鹏落下，余风回荡不止。是的，李白就是一只飞翔了一辈子的大鹏，"大鹏一日同风起，扶摇直上九万里"，他是这个世界文化和精神意义上的主宰。

李白在青山飞天，他留给当涂的却不是一般意义的文化旅游符号，而是一种精神的厚重支撑，是文化上的氤氲渗透。日后必将有人步此文化后尘，这是历史之必然。

千年后，当涂走出了一位小姑娘。这个小姑娘出生的时候，没有人想到她能走多远；她拖着行李，孤单地带着瘦弱的背影离开当涂时，也没人想到她会成为当涂人人口中的名人，还被写进《当涂县志》。是的，她是名人，她是当涂的骄傲，也是当涂无数个家庭教育孩子的榜样。

当年的小杨俊就在当涂青山脚下读书、上学、唱歌，童年跟随母亲在青山林场看果林，长成精灵一般水灵灵的模样。她在当涂一点点长大，她在当涂玩耍，也在邻居窗下听音乐，她像男孩一样保护自己的姐姐，又像娇娥一般有父兄疼惜。大姐姐说，她从小就是一个美人胚子，小时候，家人都爱掐她的小下巴，真是太可爱了。初初有了模样，便辗转到合肥了，因为上天注定，当涂已提供她足够多的营养，她得到更大的地方去。

在合肥，她埋首于黄梅戏的唱腔和程式中，如饥似渴地吸收着，那是她命定的归宿，尽管她当时还懵懂。杨家有女初长成，便开出艳泽千里的花来，一双灵动的眼四处顾盼，目中含情，一副玲珑的身段，如柳拂风。随之以娇人之姿、骄人之质入驻安徽黄梅戏剧团。

那时的剧团，人才会聚，她一时还不能长久地站在众人前，但她自有另外的机缘。与李翰祥相遇，与杨洁相遇，走一条不同寻常的路，与影视结缘，成为另一类的文化代表。

最初的选择决定了一生的道路。

人们记住了《西游记》《孟姜女》，她以这样的方式站在那个黄梅戏第二次高潮的时代前端。实际上，那时的她，比同时代的金花们年龄都要小，她能成长得如此之快，是安徽以及黄梅戏完善了她的储备，是文化积淀和文化源头给予她无形的滋养。这是看不见的，却不能不提起，那是她身体和文化精神上的双重故乡。

走得再远，无日或忘。更何况，那里还有她的妈妈和姐姐，还有她的家。

多年后，她一步步地踩着李白还有谢朓的印迹，走出去了。走出当涂，走出安徽，走出湖北，走遍黄梅戏所能到达的所有地方。

多年后，著名主持人白燕升对杨俊说：你的文气，少不了当涂的滋养。

是啊，如果当涂也有知，看见多年拼搏的杨俊，也一定会说：我就是你的青山，永远的青山。

人皆为一定时空环境里的人。大诗人必定与其生存时空形成深度复杂关联，并且其文化遗泽会突破生存时空的限制，延伸至后来的漫长时空。在此意义上，可以说他们创造了属于自己的时空。而且，在迥然不同的生存时空里，他们的文化创造能力皆发挥至极致，他们亦皆化为言说不尽的文化"幽灵"。既言幽灵，就意味着他们肉身已灭却精神长存。他们永远保持到达现实时空的能力，能随时随地参与后世的文化创造。

——夏立君《诗人的时空》

李白长存于当涂，其文化遗泽必然延长至后来的时空。生于此长于此的杨俊，自然也受其文化遗泽，成长为一个有当涂文化气质的有诗情的艺术家。

大江东去浪淘尽

黄冈，堪称杨俊的第二故乡。地处鄂豫皖赣四省交界，与武汉山水相连，有2000多年的建置史。

吴楚汉文化在这里交流碰撞，曾产生了中国佛教史上禅宗的四祖道信、五祖弘忍、六祖慧能，以及宋代活字印刷术发明人毕昇、医圣李时珍、地质学家李四光、爱国诗人闻一多，也孕育出流行剧种黄梅戏、楚剧、汉剧等。

黄冈最著名的景点便是赤壁风景区了，位于黄州城西，据说，因有一岩石突出像城壁呈赭红色而称为赤壁。

北宋元丰三年春，苏轼因乌台诗案被贬至这里，于是，黄州因此有了东坡这么个地名，点亮了文化上的高光，《念奴娇·赤壁怀古》和《前赤壁赋》《后赤壁赋》，把黄冈的历史文化时空照得通亮。

在黄州的苏轼，生活清苦，没有俸禄，就去种地，也就有了"东坡居士"这个称呼。我们现在更愿意叫他东坡，这个称呼离我们很近，近到像一个邻人。但他在特别清苦的环境中，从儒释道三者合一的禅理中，在大江乱石清风明月中，开掘出一种精神财富，那就是充满禅机的诗歌。从最初的"缥缈孤鸿影"，到后来的"此心安处是吾乡"，再到"一蓑烟雨任平生……也无风雨也无晴"，再到"大江东去浪淘尽"，正好是他在物资极度缺乏的情况下，自己拯救自己，蜕变出了丰厚的精神食粮，就像"东坡肉"一样。

千年前，东坡走了，但他把他开掘出的旷达、淡泊、宁静、超然、豪迈、轻松、豁达等从炼狱中脱胎换骨的气度留给了黄冈。

杨俊曾多次在快乐时、悲伤时，站在《赤壁赋》前，思考着东坡在黄州的贡献，思考着东坡留给黄冈的是什么。

如今想来，杨俊不正和东坡相似吗？从初来黄冈的"缥缈孤鸿影"，迅速调整到"此心安处是吾乡"，在这里扎根、静心，再到超然豪迈的人生态度，到最后用"一尊还酹江月"，赢得自己的人生高度。一个地域的文化气质，对一个人的影响是无形的。

江城五月落梅花

从黄冈离开，杨俊来到武汉。武汉也称江城，江城是个什么样的城市？

中国只有一个城市可以叫江城。

这里是可以在黄鹤楼上吹玉笛的，是可以看到龟蛇锁大江的，是可以看到"孤帆远影碧空尽"的。

是百越之地。

是稻米之乡。

是九省通衢。

是辛亥革命打响第一枪的地方。

是京剧的摇篮。

是有 3500 年的建城史的。

是 165 条江河，是 166 处湖泊，是大江大湖 3500 年。

是长江汉江交汇，是天堑变通途。

是高山流水觅知音。

是上千年楚国争雄。

是《天问》，是《楚辞》，是屈子的家国。

是张之洞现代化运动的试验场，是近代工业的崛起地。

是"芳草萋萋鹦鹉洲"。

是陈友谅的《九江口》。

最重要的，它是戏码头。

百年前，汉剧在这里成熟，孕育出了京剧，并对川剧、滇剧、湘剧、桂剧、粤剧、赣剧等都产生影响。楚剧在这里发展壮大，由小剧种变成大剧种。谭鑫培从这里走出去，拍出了第一部电影《定军山》，谭氏一门也由此壮大绵延，成为京剧世家，至今谭门七代人，活跃在京剧舞台上，为广大戏迷所喜爱。黄梅戏在这里留有身影，花鼓、二簧、楚腔、杂剧、评书、大鼓、小曲，江城的戏，百代群芳。百年来，戏曲乘着九省通衢之便利，红火发展，当京剧兴起的时候，全国四大码头，北京、天津、上海、武汉，武汉之名赫然其中。戏码头，得历史之优厚，得戏韵之铿锵，哪一个戏曲人不向往呢？

如果一个戏曲人，没有闯过武汉这个戏码头，他便难以成为当红的名角儿。

杨俊在把自己推倒重来之时，江城用江河湖泊的宽广和悠久接纳了她。戏码头是她的栖身之地，是命册里定好的。

一朵梅花从黄冈走出，落脚在武汉，落脚到了荆楚文化的腹心之地。

北雄南秀，江城武汉 3500 年，身处中国的地理中心和荆楚文化的核心，中华农耕文化和近代工业文化在这里交会碰撞，南北文化、中西文化在这里融合碰撞，从而碰撞出自己的文化性格。不屈不挠、不胜不休、注重现实、追求理想、乐观豁达、包容开放这样雄阔的精神品格与时光并行到现在，不免也会对各种文化人产生不同程度的影响。

接受这样的文化遗泽，由《妹娃要过河》作为奠基，杨俊在这里生根发芽。受江城精神文化品格的氤氲，她在这里挥洒汗水和泪水，她在这里把戏码头的荣光带向全国。

当长袖在她手中，挽出朵朵鲜花时，她也被政治的命运选中，她不停地跋涉在为戏曲为国家的献言献策的路上。而那精神品格，隐隐约约地显现出来。当然，这也会留给后世去评价。

她在湖北

杨俊初来湖北，人随政策走，落地黄冈。

黄冈的文化源流在"大江东去浪淘尽"的吟唱声中，飘荡过千年后，敞开怀抱迎接这个被章华荣先生称为白骨精般的令人惊喜的女子。杨俊跟黄冈上下一起，从一穷二白中起步，排演《天仙配》打响第一炮。排出《双下山》那样紧密贴合黄梅戏的轻喜剧，排出《未了情》那样的倾注人间真情的现代戏。《双下山》和《未了情》两部原创新戏成为杨俊的代表作，杨俊的人生成长得就像枝头成熟的果子，她的艺术就像东坡的诗句"一树梨花压海棠"，众香园里，她独占一枝。摘"梅花"，夺"文华"，她没有让黄冈人失望，没有让湖北人失望。

回望二十世纪九十年代，那时，剧目很多，但好剧目并不算多，《双下山》和《未了情》一喜一悲，一动一静，一古一今，算是那个时代很耀眼的两颗明珠。

杨俊在湖北终于走出了她想要的路，她的美和好也在艺术的追求中迸发出逼人的魅力。但她也为此放弃了许多，那样一个为了黄梅戏赌上一切的决绝女子，是那么让人喜欢。

天也降大任于她，她肩扛重任，曾为此劳苦奔波，也曾为此烧上三把火。但世界是一个繁乱的世界，世界的组成，不是直线，而是数维空间，是剪不断理还乱的复杂构成。在不可预期的情况下，她刚烈地选择了从黄冈出走。

这一出走，比当初离开安徽还悲壮，是壮士断腕，是风萧萧兮易水寒。当初她奔向一个她想要的未来，尽管要吃苦，很艰难，但是知道艰难之后有光。可这一次出走，她是舍弃了一切，走。前路如何，她并不知。

做了这样的选择，便是几年流浪。把痛苦埋在心里，把自卑挂在身上，经历身和心的双重痛苦，才终于尘埃落定。

江城武汉以九省通衢的戏码头之阵容接纳她。她等来了属于自己的"妹娃"。

她选择的两次出走，从安徽到黄冈，从黄冈到武汉，地理距离虽不长，但心路历程却是太长太长……

当熟悉的利川民歌响起，那不是一部简单的爱情剧，而是为湖北留下了可圈可点的一部鄂派风格鲜明的黄梅戏。她由初来的只是想演戏，经过多年打拼，扛起使命，有意识地或者也无意识地创造了鄂派黄梅戏，这一点是要载入湖北文艺史册的，是要载入黄梅戏史册的，也是要载入中华戏曲史的。

黄梅戏经过百年发展，在安徽成熟壮大之后，经过湖北人的努力，终于可以从这样一个大一统的局面里拽出一枝来，施肥培土，长成荆楚风格，与3500年大江大湖秋水共长天一色。这一点，是杨俊以及身边许多人共同努力做到的，这一点产生的文化意义大于她本身。

她如凤凰涅槃，栖身武汉，一点点挣出自己的地位来。

当她可以再一次把天降的大任揽在肩上，她做了"党的女儿"。她走在社区，走在高校，她走在田间地头，她走在戏迷中，成为一个人人

欢迎的艺术家。她参政议政，她建言献策，一腔赤诚绘蓝图。

　　她参加《伶人王中王》，向全国观众宣传黄梅戏，她尽力促成《戏码头》，让全国戏曲向湖北汇聚，这是她为湖北所绘的电视戏曲版图。

　　她在湖北，圆满了自己，把黄梅戏带上了一个高度，也为黄梅戏留下了未来的种子。

她把家安在湖北，她为湖北这个戏曲重地贡献了一座文艺中心。不动产的落定，是她永久的碑刻。

她痛苦过，为理想，为梦想，为一个更好的未来，这是一个人的成长必经之路。我们都经历过。只是我们不可能如她一样受挫，也没有她那样百折不挠的力量。

她的才情，加上天时地利人和，令她在湖北这块地域繁衍出茂盛。

湖北不负她，她也不负湖北。

2.黄梅戏历史之于杨俊

五朵金花诞生的土壤

为什么会诞生五朵金花？

1963 年杨俊出生之前，黄梅戏已经发展成熟。经历了从山歌到戏曲剧种的完善，在新世纪的浪潮中，几番摸爬滚打，虽诞生于湖北，却是在安徽完成戏剧形态的转化。

杨俊从业开始的地方是安徽省艺术学校，它成立于 1953 年，如今已经没有艺校这一名称，它已更名为安徽省艺术职业学院。如今的学院介绍，依然以培养出杨俊他们这一批学生为荣。

杨俊他们从艺校毕业后进入安徽省黄梅戏剧团，这个团成立于 1953 年，剧团历史上有两段辉煌，一是有严凤英、王少舫那一代人走向更大世界，二是有杨俊她们那五朵金花艳丽着剧坛。

安徽之所以有这样的氛围，要从黄梅戏的历史说起。

黄梅戏的前身是黄梅调，起源于湖北、江西、安徽三省交界处的湖北黄梅县。至今三地都唱黄梅戏。1953 年之后，正式称为黄梅戏。

在此之前，黄梅戏只是采茶调，结合了花鼓、花灯等民间艺术形式，长成了有歌有舞的小戏，之后又把民间流行的故事、笑话等文艺形式和一些特殊的风俗习惯作为编剧题材，把顺口溜、绕口令，甚至把和尚念经、道士念咒时用的腔调也作为表现手段，从青阳腔和徽调中得到了补充和滋养。最后，唱腔、服装、表演都有了变化。①

在这样的发展中，黄梅戏经历了从平地到草台，又从草台到舞台演出的过程。经过几代艺人的努力，黄梅戏从歌舞发展到歌舞小戏，又发展到可以演出本戏的大戏。从此具备了进入城市的条件。

辛亥革命爆发，清王朝结束了长达将近300年的统治，这时的黄梅戏分两路自西向东对安庆地区形成包围，一路从宿松、望江、太湖向潜山、怀宁、桐城推进，一路从至德、东流向青阳、贵池延伸，然后过江在枞阳与上一路汇合。没进城前，黄梅戏艺人都是农村劳动者临时结合，自唱自乐业余演出（也有季节性的半职业班社），他们收入有限，基本上不能养家糊口。

1926年，黄梅戏正式进入安庆市区。

安庆是长江中下游一带的名城，曾做过200多年的安徽省会，自然有过属于省会都城的繁荣，是艺人们向往的地方。这一年，北伐大军攻克武汉，消息传到安庆，人心思变，当时的湖北花鼓戏值此公开演唱，改名楚剧。这对黄梅戏演员来说，不啻是一服兴奋剂。

黄梅戏在安庆发展着，也把目光盯向大都市。安庆灾荒，一些班社和艺人到达上海，他们在上海观看了京剧、沪剧、越剧、淮扬戏、评戏

---

① 青阳腔在明代中叶形成于安徽南部的池州青阳一带，万历年间影响全国，盛行于安徽江西湖北的广大农村。后来，长演不衰的《天仙配》《罗帕记》都从青阳腔中移植。徽调发源于安徽怀宁石牌镇，这可不是一般的戏，日后徽班进京，发展出京剧。那时村村有徽班，处处唱徽戏。黄梅戏与徽调发生关系，是徽班艺人春节期间封箱时与黄梅戏艺人在玩灯的时候相遇，发展到合班演出，两个剧种一接触，黄梅戏就从徽调那里得到补充，黄梅戏几大小戏如《小放牛》《十八扯》都是从徽调移植过来的。

等剧种，借鉴这些剧种的唱法，移植了一些剧目，借鉴、学习，学表演，也学唱法和身段。等这些艺人返回安庆时，安庆的黄梅戏更丰富了。黄梅戏进城这些年，地位有所提高，在城乡两方面都占有地位，或者说，是在城市中的发展，促进了农村的需求。

这是黄梅戏在"新剧种运动"①中的表现。

1931年抗日战争爆发。十四年抗战，黄梅戏在艰难中生存。新中国成立前夕，安徽的黄梅戏只剩下两三个不稳定的职业班社，据《中国黄梅戏》一书记载，此时的黄梅戏风雨飘摇，朝不保夕。

就在这样的磋磨中，黄梅戏依然得到了很大的发展，剧目得到了补充，比如说众所周知的《女驸马》，是由鼓词《双救主》改编回来的;《天仙配》被丢弃之后，又拾了回来，并经过了成熟化的改编。音乐有了发展，板式更多，唱腔更丰富，还用京胡伴奏。表演艺术吸收其他剧种特点，还借鉴电影、话剧等艺术形式，增加了武技成分，越来越大气。舞台美术也向成熟剧种靠拢。

1949年4月，安徽解放，黄梅戏也随着迎来了蓬勃发展。

解放之日，安徽的群众选择了喜闻乐见的黄梅戏，开始组团唱戏，黄梅戏艺人们都兴高采烈地在自己的家乡唱起戏来。他们是农村文艺队的核心人物，一时间竟然冒出许多个农村剧团来，他们一边搬演老剧目，一边把鲜活的生活编成戏，这样，竟然在不长的时间里整出一大堆剧目来。这对黄梅戏的发展是有很大影响的。

1952年，皖南皖北合并为安徽省，这时包括安庆在内的十三县，县县有剧团。可谓发展势头良好。

1952年7月22日，"安徽省暑期艺人训练班"在合肥开班，学习期间，训练班安排代表性艺人演出，能唱会做的黄梅戏艺人引起人们注

---

① 新剧种运动指20世纪初大量新剧种纷纷进入传统戏剧领地的现象。

目，黄梅戏闪亮在众人眼前，全省戏曲同行由此知道了黄梅戏这个剧种，这也引起了安徽省领导的注意。

1952 年 11 月，黄梅戏应邀到上海演出，受到了上海市领导和文艺界的高度重视。这次演出，贺绿汀等人撰文在《大公报》《文汇报》《新闻报》《解放日报》发表，肯定了黄梅戏的剧种风格和生命力，肯定了对传统剧目的整理，肯定了演出现代戏的尝试，肯定了演员的成就和演唱艺术。对黄梅戏进行研究并在报纸上公开做出评价，这在黄梅戏史上是第一次。这次上海之行的演出效果促进了黄梅戏和剧团的迅速发展。

黄梅戏的迅猛发展，直接催生相关领域的发展。之后，安徽省委根据人民群众的热烈呼声，还有中央和各地人的需求，决定在合肥成立安徽省黄梅戏剧团。经过三个月的筹备，1953 年 4 月 30 日，黄梅戏剧团正式成立。

黄梅戏剧团一成立，便开始四处演出。先是 1953 年赴朝鲜慰问，1954 年又参加华东区戏曲观摩汇演——这次汇演，黄梅戏《天仙配》获得剧本、演出、导演、音乐等多个奖项，可谓是满载而归。

这次《天仙配》的轰动，直接带动了电影《天仙配》的诞生。《天仙配》的放映，引起黄梅戏的热潮。因此，黄梅戏广受瞩目，从江苏、山东、北京一路演到广州，全国从南到北普遍接受了这个带有泥土味的剧种，当然听到了赞扬，也听到了批评与建议。黄梅戏人感觉受益良多。小剧种俨然升格为大剧种。

20 世纪 50 年代，黄梅戏继续扩张，除了职业剧团，业余剧团也越来越多，安徽之外，湖北、江苏、江西、吉林，甚至西藏都先后有了专业的黄梅戏剧团。

黄梅戏版图的扩张，带来了人才缺口，安徽方面开始注重人才培养，除了剧团招人进行培养，就是设立专门的艺术学校进行职业教育，这就是安徽省艺术学校。1956年6月，艺校准备就绪，9月，第一批孩子入学。学校设有戏剧、音乐、美术三科，戏剧科设有黄梅戏演员班，专门对口培养黄梅戏人才。这就是杨俊启蒙的地方。

黄梅戏从当初的一株小草，在风雨飘摇中逐渐长大，越来越苗壮，经过了无数艺人的艰辛努力和不懈坚持，长成了一株大树，并乘着时代的春风，站立在时代的潮头。它年轻，不谙世事，也正因为它年轻，便能博采众长，低头奋进，如同低头的麦穗，是为了最终的收获。黄梅戏在这样的递嬗巨变中，就像乡间的姑娘一样，清水出芙蓉，带着清新的气息，一步步地成长，长出峰峦，长出修长悠远，长出亭亭玉立，长出一股原野的芳香，直至长成一位风情万种的仙女。

安徽艺校和黄梅戏剧团的相继成立，是黄梅戏发展到一定程度的产物，也是时代文艺的要求，也让杨俊有了栖身之处。

得失兴起自有时，众缘积聚，总会有合适的人或事出现。

十一届三中全会之后，黄梅戏和全国各剧种一样，迎来了春天，随着全国戏剧的日益红火，安徽省黄梅戏剧团，安庆地区、安庆市黄梅戏剧团率先回归，其他剧团也逐渐恢复建制，人们称之为黄梅戏的二次解放。一时间黄梅戏演出盛况空前，各地黄梅戏剧团翻箱倒柜，把所有能恢复的剧目演了个遍，安徽全省从省到市到县有36个剧团（1981年的官方统计）在演出，就这也满足不了人们的精神需求，那时候，奔波看戏的人群成为一道风景。

安徽省艺术学校恢复正常教学秩序，杨俊、马兰他们一批人在艺校学习期满，毕业进入安徽省黄梅戏剧团，其他学员也陆续进入各级剧团。他们的加入，给黄梅戏补充了新鲜血液，强大的阵容，让黄梅戏充满朝气和力量。

之后的黄梅戏多头并进，舞台剧如火如荼，又拍了几部影片，"大众电视金鹰奖"也落户安徽和黄梅戏，广播剧也有斩获，登上过中央人

民广播电台的春节联欢会，可谓是激情澎湃，劲头十足。

　　而安徽这样的省份，取自安庆和徽州合体的地域，成汤之都、吴越属地，徽州文化、淮河文化、庐州文化、皖江文化自成自己的文化圈，分布广泛、面目各异的江河湖海养育出钟灵毓秀的独特人群。

　　《中国黄梅戏》（王长安主编）一书中写道，黄梅调流入安徽实质上是进入了一个极为有利的生长、发育空间。近代安徽由于徽商的繁盛，具有良好的经济基础，花钱消费黄梅调有了物质可能。而太平天国运动、女权主义思潮、白话文运动在安庆一带相继出现，构成对旧礼教旧道德旧秩序旧观念的破坏和冲击，营造了近代安徽相对宽松的社会文化环境，黄梅调在经济基础之后又有了社会助推和文化助推。

雄厚的地域资源该有一个代表自己的文化范型，于是，在往前追溯的上百年前，安徽毫不犹豫地接纳了黄梅戏，或者说，黄梅戏本就在安徽有种子，加上社会、经济、文化各方面的助推，黄梅戏在安徽开始如竹拔节一样快速地生长。

这样的生长，甚至超越了它本身的发源地，超越了同时期的其他花枝，"报春一枝惊春芳"，人们在各种浓艳、豪放和负重中选择了这样的剧种来相伴他们的闲暇岁月。这样的结果是渐变的，没有明确的界限，但当人们意识到这种文化侵占的时候，黄梅戏已经登堂入室，成为国人的心头好，一度被评为"五大剧种之一"或者"八大剧种之一"，等等。

有这样丰沛的土壤才能够诞生"五朵金花"。

请黄梅戏回娘家的戏曲大环境

在跌跌撞撞的人生路上，满载着影视人的欣赏和关爱，身背着黄梅戏的期望，杨俊离开安徽来到湖北。

她来到湖北的日子里，我们的戏曲已经经历了脱胎换骨的蜕变，地方戏花开满园，黄梅戏已成长为大剧种之一。20世纪80年代，传统戏曲在十年的噤声之后，一波三折地迎来了大绽放。就在80年代末，传统戏曲回归，各地振兴文艺的举措像雨后春笋似的冒出来，乘着湖北要把黄梅戏请回娘家的战略思路和文艺呼唤，杨俊来了，义无反顾。

把黄梅戏请回娘家，"娘家"是什么样？

中国戏曲史家、戏曲理论家周贻白在《中国戏曲史发展纲要》中说，黄梅戏，源自湖北黄梅县采茶戏。这是最权威的说法。说到黄梅戏的源头是湖北，一般人都会问：怎么到安徽去了呢？

其实是大水冲去的。

在我国历史上，明清时期属于灾害史视野下的"明清宇宙期"或"明清小冰期"，也就是低温多灾时期，全国陷入自然灾难中。湖北又属于降雨丰富的省份，碰到梅雨季，更易形成水患，河流聚集，来势凶猛，加上地势低坡度缓，洪水的去处只有长江一处，很容易就导致洪涝灾害，水灾引发关联性灾害，人们处于艰难的生存中。而这样的气候条件，带来了黄梅戏的转折点。

湖北黄梅戏曾有一出戏叫《逃水荒》，当年风行一时。剧中唱词让我们时至今日还能看到乾隆年间黄梅县遭受水灾的惨状和受灾百姓四处流浪的凄惨景况：

> 二八女坐茅房长思短叹
> 叹的是黄梅县大荒之年
> 正二三四不下雨
> 塘现底堰断流龙潭井干
> 又谁知黄梅县又遭大难
> 陡发洪水五月十三
> 好房屋和桌椅水推不见
> 好田地被沙压地裂山穿
> 鸡豚鹅鸭漂在水面
> 年老者逃不动命丧深渊
> 我一家人四口饥寒无奈
> 娘逃东儿逃西地北天南
> 小嫂子逃到蕲春县
> 日间乞讨夜宿荒庵

黄梅县的水灾以黄梅戏的方式定格。

由于连年水灾，田园房屋被毁，黄梅乡下的灾民们只得携儿带女，邀伙搭帮，以唱黄梅戏糊口谋生。随着灾民流浪的足迹，一些流浪的艺人自九江流落到皖西南、赣东北、鄂东南的都昌、波阳、浮梁、景德镇等五十余县。另一些从宿松和华阳河流向安徽的太湖、怀宁、望江、桐城转移，也就是现在的安庆地区一带。因此黄梅戏在安徽开始生根。

黄梅戏，曾名采子、采茶、黄梅腔、花鼓戏、三角戏、二高腔、下河调、黄梅调等。笼统的说法是它源于湖北黄梅县的采茶戏。

采茶戏最初在湖北、江西、安徽三省之间形成时，全称为"黄梅采茶调"。顾名思义，其中黄梅二字，便是指湖北黄梅县，据现在公认的说法，"黄梅采茶调"起源于黄梅县，又并不局限于黄梅一县。

"黄梅采茶调"后来分为采茶调和黄梅调两种，现在湖北和江西的采茶戏就是从采茶调发展起来的，黄梅调发展为黄梅戏。

采茶戏的发源地黄梅县，现隶属于湖北黄冈，南临江西的九江、湖口，东与安徽宿松相邻，地域相邻，三省人民互通有无，过从密切。这与山陕梆子起源于黄河两岸的山西和陕西一样，人民来往频繁，剧种也不能断然地划清界限。

楚人善歌。黄梅县乃歌乡，黄梅县各行各业的劳动者都有自己的歌，有渔歌、樵歌、采茶歌等等。

黄梅县各种歌谣中，采茶歌影响最大，古代黄梅县的紫云、垅坪、多云等山区盛产茶叶，名紫云茶，每年春茶采摘季节，青年男女上山采茶，以采茶歌、采茶调相互唱和。就是采茶歌。后来，外地的人把黄梅传出的各种民歌小调统称为"黄梅采茶歌"或"采茶调"。这些民歌小调都保存在黄梅戏的歌舞小戏中。

采茶歌、山歌、樵歌、渔歌、畈腔、弹词、道情、旱龙船、锄山鼓、莲花落、连厢、采莲船、高跷、打花鼓等说唱艺术，在时光的绵延中和民间舞蹈结合，在湖北清戏和汉剧、江西湖口高腔等古老剧种的影响下，逐步形成黄梅戏这么一个地方戏曲剧种。

采茶歌诞生后，向其他季节和其他人群蔓延，慢慢随着戏曲的总体发展，歌，成为戏。

据史料记载，大概早在唐代，黄梅采茶歌就很盛行，经过宋代民歌的发展，元代杂剧的影响，到元末明初，黄梅调的雏形已经形成。明朝万历中期开始，黄梅调即以道情的形式传到江西鄱阳湖周围各县，到清代康熙至乾隆年间，是黄梅采茶戏形成"两小"（小生，小旦）、"三小"（小生，小旦，小丑）戏时期，这个时期的班社，没有固定的班址，没有固定的人员，是松散型的季节性的业余班社，人员也不多，七八个人即可。所谓"七忙八不忙"，这是当时戏班子里流行的一句俗语，就是说，这个班子七个人，就忙些，有八个人就不忙了。到嘉庆年间，由"三小"发展到"三打七唱"。"三打"即三个人操六件打击乐器，"七唱"即七个人唱戏，这七个人是指老生、老旦、正生、正旦、小生、小旦、捞杂（小丑）七个行当的演员。一个采茶戏班子，只要有这七个演员，就可以演一台大戏。

到了清代，传统剧目，唱腔、舞台表演形式已基本成形。那时候，班社林立，名优辈出，其代表人物就是邢绣娘。继邢绣娘之后，盛名于世的有嘉庆、道光年间的龚三齐、罗运保，同治、光绪年间的帅师信。这时，黄梅戏逐步完成了由草台班社向成堂班社的转变。民国年间，随着成堂班子的建立完善，黄梅采茶戏艺术走上健康发展的轨道。

这是湖北黄梅戏的一条线。

黄梅戏和全国其他地方戏剧种是差不多的起源，多数起源于浩大的昆曲没落之后，大约都是明末清初，在同光年间臻于成熟。

这是日后杨俊要落脚的地方，这样的历史也和日后的杨俊有千丝万

缕的联系，比如说，杨俊差一点就会出演新编历史剧《邢绣娘》。

20世纪50年代，黄梅戏电影《天仙配》在全国广大城乡普遍上映，使一个鲜为人知的地方小剧种，一跃成为享誉全国、声播海外的大剧种。

安徽的黄梅戏在安庆兴盛起来的同时，湖北黄梅、蕲春、武穴一带的采茶调，也逐渐形成湖北的黄梅采茶戏。1949年，黄梅县解放，采茶戏正式定名为黄梅采茶戏，成立了第一个职业剧团：黄梅县人民采茶剧团。随之国营和民营剧团都发展起来。1954年，安庆黄梅戏从上海演出载誉归来，声名远播，安徽的一些剧团便经常到黄梅县演出，两省人民往来看戏频繁，黄梅县的黄梅戏潜移默化地向安徽黄梅戏靠拢。直到成立黄梅县黄梅戏剧团。跟上了"新剧种运动"的步伐。

这段历史说明，湖北是有黄梅戏的，是黄梅戏的"娘家"。也说明湖北的黄梅戏带有安徽色彩。这一点，是湖北省请黄梅戏回娘家的一个历史渊源，也是杨俊日后打造鄂派黄梅戏的内在动因。

这样的历史，也让杨俊命定地在安徽和湖北两省之间辗转。

哪个戏，在哪儿兴盛发展，都是有机缘的。应该是谋事在人，是人的因素奠定了事物的发展轨迹。戏的发展，离不开角儿的力量，湖北黄梅戏的兴盛，有邢绣娘，安徽黄梅戏的发展，有丁永泉，角儿才能带动戏的发展。这一说法，千百年得到了屡次印证，然后有一大群为戏奔走、呼号、付出的人来帮腔，戏就能走得更远。

为什么会有"请黄梅戏回娘家"这样的行动呢？

以1978年的中共十一届三中全会为标志，中国历史进入一个全新的时期，戏曲也同样，戏剧家们跟随这样的思想解放的大形势，进入一个创作高潮。

1977年，四川省以《十五贯》这一曾创造过辉煌的剧目，拉开了重新上演传统剧目的序幕，结束了只能演出样板戏的单一局面。继而，北京京剧院在纪念毛主席《在延安文艺座谈会上的讲话》发表35周年之际，把《逼上梁山》搬上舞台。这两部戏，"也许我们可以这样说，在导致古装戏绝迹舞台的严酷禁令经历多年以后，中国的戏剧家以及戏剧观众终于看到了真正能够充分体现中国戏剧之魅力的古装剧目重现于世的一种可能性，也意味着中国戏剧进入'文革'之后的新时期"（傅谨《20世纪中国戏剧史》）。

1978年春天，邓小平出访尼泊尔、缅甸归来，在成都观看了川剧折子戏，并做出了重要指示，说明一些剧目可以公演。这个指示为戏剧界解除了枷锁。

当年，文化部向中宣部请示是否可以恢复优秀传统剧目，中宣部同意了文化部的意见。随后戏剧界处处出现"拨乱反正"的现象，恢复上演剧目的步伐越来越快，一批被撤销的剧团也迅速得到恢复。

1978年后半年，传统剧目大量回归舞台，成就中国戏剧史上万芳复春景象。这也就有了后来杨俊他们携传统剧目到香港演出。

又一个黄金时代来到了，当然，人们不会知道，这次风潮远远超过曾经的十七年。

先是越剧电影《红楼梦》放映，很快热遍全国。接着是黄梅戏电影《天仙配》放映，黄梅戏的戏迷急遽增加，给黄梅戏带来了更广泛的影响。

"越剧和黄梅戏从南方小戏成长为在全国拥有众多爱好者的大剧种，几乎没有借助于任何外力的作用，这两个剧种的音乐旋律优美动人，固然是其艺术上的魅力所在，同时还有戏曲电影这种迅捷而成本低廉的传播媒介，再加上'文化大革命'结束之后因传统戏剧开放而突然膨胀的演出市场，多方的合力，使越剧和黄梅戏成为最抢眼的剧种"（傅谨《20世纪中国戏剧史》）。

八十年代，又经历一段低迷之后，一些地方提出了振兴地方剧种的口号。湖北导演、剧作家余笑予提出，当代戏曲表现为技艺表演的退化，表现为许多新编现代戏和历史戏没玩意儿、戏曲的民族风格被其他艺术

门类同化、演员的表演技能退化。传统技艺与传统剧目双重流失。余笑予没有改变这一趋势的能力，他只能借助把传统技巧化入新剧目创作中的途径，来为戏剧保留生机，他导演的《徐九经升官记》就是一次很好的尝试，捧红了朱世慧，朱世慧至今仍是湖北戏曲的中流砥柱。

1983 年，被称为中国戏曲的体制改革年，至今影响着中国戏曲的发展轨迹。

在这样的思想解放潮流中，诞生了川剧《潘金莲》、京剧《曹操与杨修》、话剧《李白》等，历史剧开始追求历史与现实的共鸣。

之后，中国戏曲进入多元的九十年代。改编名著，创立小剧场戏剧，各种戏剧节开始兴起，多元的文化形态改变了戏剧生态，繁荣又喧嚣的现状成为 20 世纪 90 年代的主题。

就在这样的历史背景下，湖北提出了将黄梅戏请回家的举措。当杨俊离开安徽来到湖北黄冈的时候，中国戏曲已经到了 80 年代末尾，即将进入繁华的 90 年代。她在这样的历史中栖身。

安徽和湖北的戏曲交叉发展、杨俊艺术和人生的交叉从这时起发生变化，安徽逐渐从她生命中淡出，从此是她漂泊、艰难、辉煌、苦痛的又一段征程。

永远的黄梅戏

黄梅戏由楚天发脉，长成于皖中，向吴地展翼，其生命中便包含了大量的吴楚信息，是长江中下游地区吴楚文化的代表，鲜明地呈现着吴楚文化的飘逸浪漫、鲜活亮丽和轻柔婉转。《安庆史话》中写到，它生长在锦绣旖旎的江南，不像秦腔那样融汇塞北草原的高昂气势，又不像河南梆子那样充沛着黄河奔流的雄健气概，它散发着江南泥土的芳香。

虽有吴楚气质，却又有吴和楚的不同，也就出现了两支黄梅戏并驾齐驱的情况。

而正因为它的吴楚地域特征，还有飘逸浪漫轻柔等特质，黄梅戏大多是女主戏，女演员也容易出来，这也是现今黄梅戏中有成就的女演员多过男演员的原因。

不过，无论是安徽的黄梅戏，还是杨俊为之辗转反侧的湖北黄梅戏，至今都是广大观众喜欢的那个黄梅戏，它优美的唱腔，青春的气息，带着接地气的仙女气质，犹如山泉的清澈明艳，赏心悦目又沁人心脾。

黄梅戏的从业者们说，它到现在依然是一个年轻的剧种，依然在不断地吸纳、消化、融汇、分解、集中和成长。

《中国黄梅戏》中专门有一个小节写到永远的黄梅戏：

> 它已经有了自己的风格、自己的旗帜、自己的队伍、自己的剧目、自己的观众，有了自己的一片蓝天白云，却仍然在容纳百家、汇流千溪，熔铸各种不同的艺术元素，提升自己的艺术品格。它坚守传统，也注重创新，同时更注意顺应当代社会审美思潮的变化，争取更多的观众。

这样的寄语，寄托着黄梅人美好的期望，以及拥有它的偏爱，却又所言不虚。安徽和湖北这双剑合璧的状况，又都在自己的王国里寻找到自己的归宿。他们各自向上向前，互相暗暗竞争，又能隔空携手，努力创造属于自己的神话，以期在戏曲史上留下属于自己的书写。

这就是永远的黄梅戏了。

也是永远的中华戏曲。

希望戏曲能在人世间存在得久一点，从而能留下更多的回味，而不是早早地进入博物馆，这一点需要更多的人不计得失，倾身奉献。如同杨俊一样。

3.家人，世间最暖的字眼

在杨俊当涂的家里，她的家人都活得很自在，是大千世界里最普通的一分子。

多数时候，小姐姐杨林是他们家的发言人。

爸爸早早地就去世了，那时正是杨俊争取"梅花奖"最关键的时刻，她在家里侍候了爸爸一段时间。爸爸最理解她，知道她是有责任有使命的人，她不是一个人，剧团那么多人要生存要发展，爸爸最后对她说，你要不走就不是爸爸的好女儿，就把她撵走了。其实那个时候爸爸也知道这是最后一次见面，病情已经到了最后的时刻，他还是让最心爱的小女儿走了。父亲一辈子都是以他的小俊为荣的，之前，听到别人说，老杨，报纸上又有你家小俊了，他就会笑出声来。得到女儿荣获"梅花奖"的消息后，爸爸走得很安详。她离家不长时间，大概也就一个礼拜，爸爸就去世了。听说这个消息，她受不了，哭得不成样子。没能给爸爸送终，这成了她一生的隐痛。

爸爸是个有原则、性格又刚强的人，临走之前，他给组织部写了一封信，说，自己去后，不设灵堂，子女不收任何东西，只发布一个讣告，让大家知道他走了就行。简简单单干干净净地离开，这是一个人最后的尊严和体面。

爸爸活着时，杨俊接爸爸妈妈去黄冈住过一段时间。爸爸去看她演的《未了情》，每看必哭，刚强的男人，却在自己女儿的戏里动情。

有一回，爸爸在电视里看到她介绍自己是"安徽马鞍山人"（当涂属马鞍山市管辖），爸爸就急了，急火火地训她："你要说自己是当涂人，当涂虽小，那是生你的家乡，做人不能忘本。"自那以后，她都记得说自己是当涂人，对所有的过去都怀着很深的感情。

后来有一次，回到当涂来演出。彼时她已阔别当涂30年，那天下着大雨，她在雨中讲了一番话，感谢当涂培养了她，感谢当涂的政府，给当涂营造了好的发展环境。当场的临时发言，感动了坐在台下的所有人。问起这一点，杨俊说，只有在外地的当涂人才能感觉到家乡的变化，我有这个发言权，真的是非常感动，感恩爸爸给予我这样的教育和理念。

当年去芜湖参加艺校的考试，是爸爸带着去的。

爸爸像收藏家一样，收集着杨俊的所有信息，报纸上的小豆腐块，一张旧照片，等等，这些至今都珍藏在家里，成为一家人的珍爱。

而杨俊，爸爸离开几十年了，提起爸爸的点点滴滴，她都是眼中水光潋滟，清澈动人的，仿佛可以惊鸿照影来。

爸爸留给杨俊的东西太多了，有喜有爱有痛有泪。在对自己的两段婚姻的剖析中，杨俊都不否认爸爸的影响，在一定程度上，她寻找的不是平分秋色的同行者，而是有着爸爸一样的责任心、使命感，还有爸爸一样无私的爱的人。

妈妈记得杨俊所有的细节，记得她11岁就离开家，那时是真舍不得啊，提起来就心疼，她走了，他们在家里哭。记得她在艺校时营养不够，可他们只能够给她买得起一桶麦乳精；记得她去北京拍摄李翰祥的电影那一次，那时候，好担心小俊出意外；记得她每次出新戏；记得

● 其乐融融的一家人

她身上总是有伤；所受的委屈，妈妈都知道。但妈妈从不说，这样的惦记，说出来，怕杨俊心上的负担会加倍。妈妈知道，她在外面不容易，可他们帮不了她，一切都得靠她自己，好在这个女儿，真是要强，多大的风雨都自己扛了。

　　哥哥当然也不在家。

　　记忆时空里的当涂小站，那一年她和哥哥一起从那里离开家乡，当涂站便凝固成一个永恒的人生坐标。她和哥哥从这一个坐标出发，走向不同的方向。

杨俊的笔记里出现过几处哥哥的身影，她在见到哥哥的时候，总是甜蜜中带泪，她热情且心疼地记下见到哥哥的细节。比如，到艺校安顿小杨俊时，哥哥会把她铺下的被子叠得整整齐齐的。小杨俊人生寄出的第一封信是给哥哥的，写到了对亲人的思念，写到了学习的苦，写到了自己长大以后要出人头地，要赚更多的钱给父母还债……这封没有标点符号，还有错别字的信，被哥哥改过以后又寄回到杨俊手上。

家里有哥哥的相册，家里人当宝贝一样珍藏。看到哥哥的书法集，那样飘逸俊秀的书法如同这个模样同样俊秀的男人。当然，杨俊也是爱写字的，黑白对比鲜明的中华书法，在纸页上的舞动总是带给她不一样的艺术感受，她把这样的感受都转换到了自己的舞台艺术上。

经常在杨俊的朋友圈里看到母亲慈祥的容颜，看到小姐姐生命的坚强。高寿、平和的母亲以及留在家里的小姐姐成了她浓烈的牵挂。她一边晒，一边娓娓道来，总是让人动容，让人内心里也和她一样水光潋滟。

家里人默默地陪着她看着她，看她如何待人接物，看她如何对待艺术。在家人看来，她的心里，永远是艺术第一。

她小时候，就发誓要改变家庭环境，她也做到了，现在妈妈和小姐姐住的房子，就是杨俊买的，小区环境好，有电梯，方便妈妈和姐姐出行。家里布置得很温馨。

前年排《党的女儿》，小姐姐带着妈妈到武汉去。她们闲余就去看杨俊排练。在排练现场，大概乐队和演员的节奏没有配合好，杨俊发火了。她说，剧情和人物状态都推上了高潮，你们还在埋头抒情，我现在要的不是抒情，我要的是音乐强烈的烘托和高度融合的表达。她就是这样在艺术上苛求着。到了晚上，杨俊又到乐队住的宾馆，对他们说，你们今天晚上辛苦了。她把带来的所有的花都献给了他们，还跟他们拥抱。后来小姐姐就听乐队的人说，她对音乐和唱腔的要求太高了，不要

● 杨俊和妈妈

和她较劲，节奏上不要和她对着干，她对舞台呈现，包括一个音调，包括一个动作一个眼神，她都比一般人要求严，不放过别人也不放过自己。妈妈说她，你不要这样，这样得罪人哩。她说，别的事情都好办，就是艺术上不能马虎。第二天再去现场看，演出效果和艺术表达真的就不一样了……

妈妈说："小俊在外面有事不告诉我们，其实我们有事也不愿意告诉她，她心重，怕她心里增加负担。其他没什么，就是担心她的身体。"

家人们爱杨俊，杨俊也爱他们，彼此用行动去支撑。

有爱，人活着便不孤单，即使是负担，也是甜蜜的负担。

4.再说五朵金花

只要黄梅戏还在，人们就会说起"五朵金花"，那是一个梦幻一般的时代，又是无法复制的现象。

谈起她们，众多猎奇的、惊艳的、怀念的等等不同的目光就会打量过来，更多的戏迷或许更想知道她们的现状。

有幸的是，因缘际会，时隔四十年后，马兰、吴琼、杨俊、袁玫、吴亚玲她们聚在了一起，时光在她们的脸上写下了诸多故事的痕迹，却没有减损朱颜，依然那么美、那么有气质。

当年的她们，几乎是横行剧坛，黄梅戏之内，无人可与她们争锋，黄梅戏之外，并没有成长起这样一批各美其美、才情绝艳、各具个性的女演员。她们得天地之独厚，浸戏脉之情深。

当她们完成了在黄梅戏历史上的峰峦汇聚之后，她们又以相当让人惊叹的方式成为她们自己。

马兰像兰花，散发着香芬。人们总在寻觅她的身影，而她如同隐居者一样，悄悄地躲避于人潮汹涌之后，不给世人太多打探的余地，也不留消息给人猜想，只留下了她独特而韵味十足的舞台和影视形象让人回

● 五朵金花再聚首（左起依次为吴琼、袁玫、杨俊、马兰、吴亚玲）

味，她永远是她。

吴琼像芍药，喜光又耐寒，自在地生长。她唱黄梅戏还不够，还唱黄梅歌，她排音乐剧，开个人演唱会，玩得不亦乐乎。

袁玫像桃花，花气袭人，人们只记得1987版电视剧《红楼梦》里的袭人一角，之后她便转身幕后了。她像袭人一样，早早地转身，躲过许多风雨，过着自己的人生，扮演着制片人这个人生角色。

吴亚玲像百合，居家、味甘、清心。她安心地守着自己的舞台，唱完新戏唱老戏，和丈夫一起规划着安徽的黄梅戏，培养了许多黄梅戏后辈人才。

而杨俊则像玫瑰，喜阳耐旱，色彩艳丽，又有刺。长在我们的身边，骄傲地开花给我们看。她在岁月里一步步地生长，不左顾右盼，也不左右挪移，认定了的事情，就铁了心走下去。

四十年的时光，没有削减她们的友谊。她们彼此牵挂着，不论她们各自在做什么，不论她们嫁了谁。她们就是她们，活得摇曳生姿，活得旁若无人。

她们像谜，各自活出自己的美、自己的智慧。

5.师父余笑予

1990年4月1日,《双下山》排练完成,杨俊拜了余笑予为师。

师徒间举行了隆重的拜师仪式。

中国人尊师重道,师者,传道授业解惑。拜师是学习传统技艺的头等大事,古代很多传统技艺都需要拜师学艺,书法、国画、中医,包括戏曲,都是。没有师父就等于无源之水无本之木,行里人会认为不是"门里出身"。戏曲界也是讲究师承的。

时代在发展,后来的拜师仪式,不像过去那么严格,但该有的规矩还是要有的,所以她在认下余笑予这个师父之时,还是举行了隆重的仪式。

余笑予是国内著名的戏曲导演。讲到戏剧史时,我们便说到了他,一个有眼光有见解的独特人物。

章华荣先生曾写到余笑予的画像:

> 出身梨园世家,其父乃楚剧名优。笑予人生伊始,便受楚剧熏陶。三岁登台亮相,已透七分机灵,七岁顶角救场,竟然一炮走红。

● 杨俊和恩师余笑予

虽然聪颖过人，偏偏厌学迷戏，读书六神无主，学戏八面玲珑。梨园子弟，生就唱戏材料，父奈子何？只好拜师学艺。先学旦行，后攻丑行，继而生旦净丑，兼而习之。虽未成台上顶梁柱，却也是戏班万金油，未及弱冠之年，已是剧团新秀。

步入而立之年，改学导演，自执导《一包蜜》一炮打响，遂一发不可收拾，余笑予旋风席卷中国戏曲舞台！全国十多个省、市的戏曲舞台上有他流下的汗水，十多个剧种，有他辛苦浇灌的艺术奇葩，二十多部作品获得国家级大奖！被誉为中国现代戏曲四大"怪杰"之一。岁老根弥壮，年逾古稀，仍宝刀不老，勤耕不辍，思维敏捷，机智过人，谈戏眉飞色舞，排戏神采飞扬，舞台上常现余氏的神来之笔。

这个画像，几乎囊括了余导所有的经历。他导的戏还有一个特点，那就是出演员，演他戏的演员，很多获得了中国戏剧"梅花奖"。2008年，湖北省人民政府授予余笑予"终身成就奖"。

能遇到这样才华横溢的导演，是杨俊的幸运，能拜在余门之下学习技艺，更是幸运。

杨俊珍惜这样的幸运，再加上她本来就聪明，像海绵一样从余导身上吸收技艺，这让她后来演起角色来得心应手，对塑造人物有了自己的理解，对剧本的把握也有了更加深刻的认识，甚至能统领全局。她认真地一辈子执行师父的理念，那便是把传统技艺融入戏中，把塑造人物贯穿在日后的创作中。

想来，余笑予也是喜欢这样又机灵又有悟性的弟子吧，这次收徒，余导也一定是高兴的。杨俊说过，父母给了她生命，师父给了她吃饭立身的本事，这种犹如再生父母的恩情，将是她一辈子需要铭记的。

2010年12月26日，著名导演余笑予走了。带走的是他对戏曲的终生热爱，留给徒弟的是无限的怀念。

师父走后，杨俊多次在戏场上、在演出后，想起自己的师父，想起师父在身边的日子，想起师父是如何给她排戏的。每一个动作的表达，每一个眼神的去处，每一个笑容的内涵，每一个程式的语言，仿佛从来都没有走失，仿佛都在梦里，可一转身都不在，有的只是冰冷的回忆和岁月的风。

杨俊曾撰文回忆她的师父：

> 他把我带到大舞台，他让我长袖飞扬，走上一个个领奖台，他让我在《未了情》里流淌着至情至爱的泪，他让我在《双下山》里表达着人性干净的美。一今一古，一悲一喜，让我沉醉至今，仍不能释怀。他把我带上了艺术不归路，我也心甘情愿地在这条道上一直坚持了下来。看着发黄的照片，看着逝去多年的师父，心和黑夜一样，凄冷凄冷。

这样伤情的文字，配着师徒几张旧时照片，照片上的笑和文字里的悲构成一种反差，冰冷的回忆和跋涉的艰难构成一种"伤"向人袭来。

这是杨俊的一宗"未了情"。了而未了，情至多情，人间至美。

6.你在我的前方，是我的榜样

经常在杨俊朋友圈见到纤纤这个名字，因为纤纤用镜头记录着杨俊。

潜意识里想到这是个女孩子，应该算是杨俊的粉丝，且是摄影师。但当加了纤纤的微信，开始聊天的时候，得到的所有讯息，却远远超出了预期。除了她确实是女孩之外，其他都不在我们寻常的认知范围。

每一个爱戏的人，都有一个接触戏曲的童年。纤纤也不例外。

童年的纤纤被姑姑带着去看戏，现在她知道小时候她看的是草台班子，但不影响在她心里种下戏的种子。在那样一个看动画片的年龄里，她在别人异样的眼光里欣喜地看着台上浓墨重彩的人,怎么就那么好看?

把这样的疑问搁在心里，度过了十几年的求学时光。

漫长的时光都在公式、单词、文言、数理中消耗过去了，终于考上了大学，也算自己心仪的学校，学中医。中华传统文化的所有呈现，都是纤纤喜欢的，至于是不是戏台上的脸谱和水袖给她的影响，她还没有清晰地辨别。但她知道，她爱传统文化。

大学里广阔的视野和不同的趣向氛围很快便影响到她，她加入一个戏曲社团，童年的种子开始接触到生长的环境。最开始，她跟着伙伴们去看越剧，她看过《梁祝》，在化蝶的凄艳中，她的心，慢慢地游向戏，游向她命定的归宿。

从此看戏成了她的日常，一发不可收。我们或者说许多戏曲的忠实追随者，都是那么相似。有一次，她看到一个黄梅戏节目，大约是《一鸣惊人》。节目中，有一个小孩子选中了杨俊做导师，那时候，她像一个小动物一样，睁着自己的大眼睛，看着镜头里的杨俊，感叹着，气质怎么就那么好？好奇、惊艳、欢喜，种种情绪让纤纤记住了这个人这个名字，后来，在微博上再看到杨俊，就毫不犹豫加关注。戏曲进校园的时候，她认识了湖北省戏曲剧院黄梅戏剧团的演员们，她离自己构筑的梦境越来越近。

有一次，作家雪小禅到武汉大学讲课，邀杨俊做嘉宾。纤纤得知消息，高兴得蹦起来，终于可以去看杨俊了，可以近距离接触了。纤纤记得很清楚，那天的武汉下着雨，雨便是通向梦想的帘幕，更有诗意，纤纤带着学妹一起去参加活动，她抱着花，在忐忑的心境中，在雪小禅的见证下，把花送给自己的心头好。那天的活动，给纤纤留下的印象很深，她坐在角落里，静静地看着，在心里描摹着。

自那次活动完回去，纤纤把所有的空闲时间利用起来，关在家里，把杨俊所有的戏全部看了一遍，连采访都没放过。她了解了杨俊的一切。她承认自己最初对杨俊的迷恋是始于颜值的，杨俊身上不只是艺术，她有许多人不具有的美德。

杨俊升级成纤纤的爱豆。

杨俊那么优秀，为了自己心中的目标，可以流汗流泪甚至流血地奋斗，哪怕倾尽一生也不惜。把杨俊当爱豆的纤纤怎么能弱？于是，纤纤给自己定下目标，如果不能改变自己，最大的处罚，便是不能去见她的杨老师。目标定下，便准备好了吃苦，纤纤成了班里最用功的孩子。还是见效果的，最初的时候，纤纤偏科，有时候还会挂科，时间长了，她

● 杨俊和纤纤戏迷

由不再挂科，而后成为班里第一名。纤纤高兴极了，这才能对得起自己的杨老师。

学习好了，自然就要看戏，那段时间，看得最多的是《妹娃要过河》，她自己看，一遍遍地看，还带着朋友们去看。她和人聊天也是，三句话不离杨老师，不管别人怎么说。她把她的越剧粉丝朋友们，都改变成了黄梅戏粉丝。

有一次，大概是四月份，江城很热，纤纤又去看杨俊演出，杨俊满头大汗，跟她温柔地说了一句：你来了。简简单单的一句话共三个字，让纤纤感慨莫名，杨老师记得她，还这么没有架子，平易近人地说出关心的话。纤纤站在杨俊身边的心愈加坚定。纤纤慢慢了解了，那么多人并不了解她的杨老师，还有人有误解，但她相信，只要了解了杨老师为人的人，都会喜欢上她。

说起来，纤纤与杨俊成为微友的时间并不长，一段时间里，她只是默默地关注，默默在看戏，即使杨老师记住了她，她也从不去打扰。直到有一次，她和朋友一起看戏，回去的路上，她们和杨俊同行，一起坐地铁回家。地铁上，杨俊问她，你的微信呢？接着，又对她的朋友说，你的呢？就这样，纤纤和朋友都加了杨俊的微信。尤其是她的朋友，激动得说不出话。那天杨俊生病了，她们一直把杨俊送到小区门口。自那以后，这个朋友经常陪纤纤去看黄梅戏。

纤纤用手机记录下一些杨俊的戏，也不时地拍下黄梅戏剧团的一些事儿。时间长了，她觉得不够，她得认真地记录。她就去买了相机，自己学着摄影。她说，真没想到自己有这样的天分，拍出的照片，大家都说好。她的照片确实好，艺术感、镜头感、分寸镜、光线感、比例感，都不输专业摄影师。

于是，杨俊的朋友圈多了一处炫耀的角落，即使是生活中，也美美地活在纤纤的镜头里，然后，美美地出现在朋友们的视线中。

纤纤说，她认识杨老师，杨老师影响了她的人生。

杨俊非常自律，非常认真地对待自己的嗓子、身材和生活，控制饮食、加强运动。纤纤也就变得自律，在工作中积极向上，学会管理自己的身材、人生和态度。

杨俊跟人保持着一种若即若离的距离，但对周围的人特别好，纤纤也就学会了这些，和周围的人打成一片，甚至和黄梅戏剧团的人打成一片。当然，她也就很容易地得知杨老师的行踪，虽然纤纤不承认这样的小心机。

在纤纤眼里，杨俊好在哪儿呢？纤纤说：

"杨老师眼里有星辰大海。"

"她表演很细腻。"

"她是为舞台而生的。"

"她不是固化的，她的表演不固化。"

"她善于发现别人的好，然后把好处吸收过来，改变自己，变得越来越好。"

"她不是最好的，但她有自己的特点。"

"她有时候很凶，对待艺术，绝不迁就，一旦舞台上有差错，就变得奶凶奶凶的，因为观众只接受结果，不管过程。"

"她在演出中总是自己走台，从来不用别人替。"

"她和大家有距离，我喜欢这样的距离。"

"她心里有个少女，她愿意接触一切新生事物，她不是装嫩。"

"她愿意接纳别人提出的意见。"

"她把戏当成自己一生的事业，很爱很爱，无怨无悔。"

"不是艺术是她的一部分，而是她是艺术的一部分。"

……

纤纤去看杨俊的每场演出，她兴冲冲地说，她还千里赴京去央视参加杨俊的节目《角儿来了》，她不和杨俊说，自己混进去，默默地看完录制，并拍了照片。

很惊讶，这是一个多么真诚热忱的女孩啊！不由得问她，每一场演出都要看？

说到这里，她静默了一会说："我哭过，看《妹娃要过河》的时候，阿朵就有杨老师的一部分本真。她太不容易了，她的人生是那样地别样不同，后来，我就不想错过她的每一场演出。"

这样的一个小女孩这样的一段话，说得人心里很难过。

然后，纤纤的语调又欢快起来，说她留在武汉工作了，原来还想着去浙江，去上海，去好多城市，但是她现在特别高兴有机会留在武汉，有自己的工作，还能随时看戏。她还高兴得仿佛说悄悄话似的说，我工作的地方，离杨老师家不远。

哦，原来，还是因为自己的爱豆，选择留在了自己的城市。

真好。

她接着问，今年从艺四十周年活动时，你有没有发现，杨老师瘦了？

发现了，很瘦，小尖下巴都出来了。

她又说，这次活动真是太不容易了，我一直没敢靠近她，她筹备了那么久，她心里有很大的压力，为了把这次活动搞好，以最好的面目出现，她去游泳去健身，再加上紧张和压力，把自己搞那么瘦。

原来是这样，我们都以为她减肥了。

不是，不是。

她接着说，对了，我看到杨老师带出来的孩子们演出时，我哭了，不为什么，就为这种传承，我们的艺术一代又一代地传承。

纤纤还说，武汉封城的当天晚上，杨老师成了她的"超级妈妈"，演出回来，送她回家。后面的日子，她们保持着联系，互相关心。杨俊去做义工的日子，她寄医用外科口罩给杨俊，在网上发视频或者图片，给杨俊解闷。纤纤在那段时间努力成为自己爱豆的精神支撑。

这样一个把自己扔在我们优秀的传统文化里面的女孩，谁能不喜欢呢？纤纤让人看到了希望，是大大的希望，如果每一个年轻的孩子，都能看到传统文化的好，都能从传统文化中汲取滋养该有多好？

杨俊的人生，是纤纤的榜样；而纤纤，做了杨俊的知音。

除了上台演戏，纤纤活成了另一个杨俊。长大后，我成了你。

这是杨俊存在的另一重价值。

每一个艺人，每一个艺术家，都能像这样，为广大的人民提供着正能量，提供活着的范本，该有多好。

纤纤只是杨俊的粉丝中的一个。

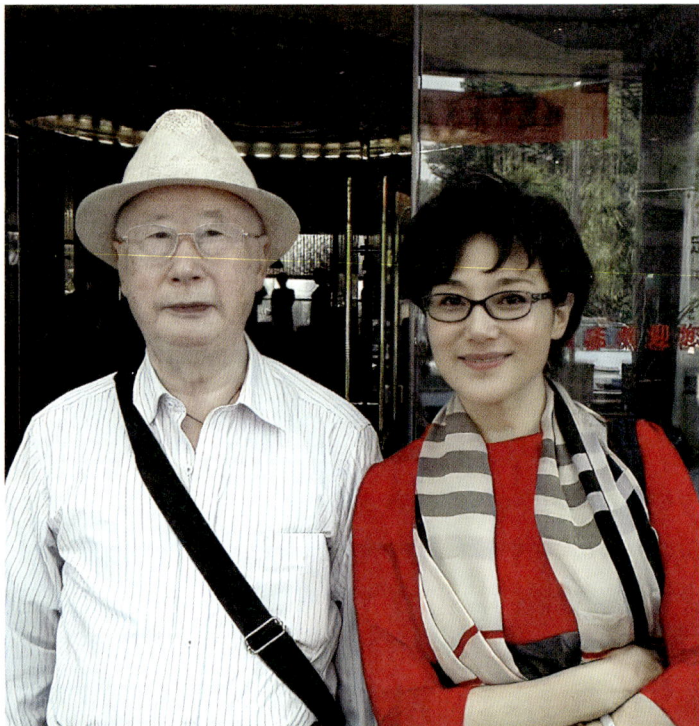

● 杨俊和老爷爷戏迷

还有一位老人让人难忘。

老人是山东人，特别喜欢黄梅戏，喜欢杨俊，经常跟着他们的演出跑，从来没有打扰过杨俊。有一次，在安徽安庆参加中国黄梅戏艺术节演出，杨俊的家人都来了。他们在酒店门口看到一位老人家，老人家和杨俊的哥哥聊天，就说到自己是从山东来的，来看杨俊演戏。杨俊的哥哥很感动，就对老人家说，我是杨俊的哥哥。老人家激动起来，说自己特别崇拜杨俊。杨俊哥哥问，想不想见杨俊？老人说，想见啊，但她太忙了，不想打扰她。杨俊哥哥打定主意，要让老人家见到杨俊。随后就安顿老人，就在酒店等，不要乱跑，他会尽力办。和杨俊一起吃饭的时候，哥哥就把这个事说了，杨俊就出来和老人见了面，哥哥用手机拍了照片，随后给老人家发过去了。老人激动得语不成句：我终于见到你了，不是你哥哥安排，我怎么能见到你啊。杨俊对老人说：下次不要来了，您年龄大了，以后有演出我会把视频发给您的。杨俊心疼老人，80多岁，生怕出点问题。老人家点点头。

上至老人，下至少女，杨俊有许多许多的戏迷或粉丝，他们成为一道风景线，站在杨俊一侧，支撑着杨俊的艺术。杨俊在他们的前方，是风景，也是榜样。

想起一句诗：我在你一侧，我如此喜悦。

这对于杨俊和她的戏迷来说，都是适用的。

爱，或者幸福，就在彼此的疼惜和理解里。

高山青，流水长，武汉的古琴台上，琴音在江水的波荡中弹奏了上千年，今日琴弦依然会随着杨俊的人生拨出知音之跫音。

无丝竹之乱耳，无案牍之劳形。

7.婚姻是赌博

婚姻是赌博，没想到杨俊会这么说。

为什么要找一个外行来做丈夫？你们有共同语言吗？你们年龄相差那么大，情感基础在哪里呢？不会担心吗？

面对这些尖锐的问题，杨俊只是微微一笑，非常直白地说，婚姻就是赌博，输赢在自己。

现在的丈夫是她第二任丈夫，比她大将近 20 岁，最初的时候，连她自己对这次"赌博"都打了个问号，她不知道输赢。彼此能走多远？他们没有设置一个标准，让时间来检验一切吧。

不可否认，最开始的时候，她对他是尊敬多于爱的，彼此相敬如宾。但是在天长日久细水长流的相处中，她喜欢上了他们一起走过来的感觉。

他给她的，是充满阳光的婚姻，她在婚姻里获得了人生和艺术上的最大的自由。不是没有多种选择的，但是一个人要非常清楚自己想要的是什么。他能包容她的所有缺点，包括非常任性的臭脾气。他保护她。非常负责任地揽起她的一切，不对她做任何要求，她在家里想怎样就怎样，她可以做回一个聚光灯下不曾表现出的杨俊的本真。

他知道她怕黑，总是在每一个黑暗时刻，陪在她身边。每次演出不管多晚，家里都有一盏灯光为她而留。过马路的时候，他会牵着她的手，守护在她身边。她想要什么，他第一时间会知道，不等她说出口，她想要的、想知道的，都会出现在眼前。他呵护着她，从不用自己的想法去约束她。他教她人生哲理，他教她社会经验，他在她迷茫时，为她画一艘夜航船。

在他这里，她是彻底放松的，不用戴上面具，不用精心设计，不用穿上行头，她可以是她最本真的自己。她不仅仅是他的妻子，她还是他的女儿。他宠着她，爱着她。她集万千宠爱于一身。

她感知到生活的立体了，她感知到安逸和稳妥。他们心性相通，她把他教给她的艺术之外的知识都用到了艺术中。他不爱表白，却把爱织成网，网得绵绵密密的，让她不能逃脱。她也不想逃脱。也许在长年的爱之羽翼下，她早已束手就擒。

二十年过去，他的爱从来没有降温，这已远远超出她的预期。

确实，她看起来那么年轻，怎么会没有他的功劳呢？

第一任丈夫也是从事艺术的，他是导演，她是演员，算是有共同语言了，当初也是因为深厚的感情才走到了一起。郎情妾意，也曾那么美好。那时候，她喜欢与她不同质的人，渴望对自己形成一种补充，或者引领她精神成长。他随她安家，他陪伴她人生起步，他调教她表演。她把自己的娇憨、美好、崇拜、热情都奉献给他。

但是日子过到后来，这点共同语言却成了折磨。舞台上，导演统领一切；院团里，她是领导。当他们为一个艺术观点起了争执，甚至完全对立的时候，他们吵得不可开交，上级没法做裁判，团队的其他人也没法下结论。那时候，她就觉得，排练场也是工作关系，家里也是工作关系，真的分不清哪一个是真正的自己，这并没有给她带来快乐。

他们还算是"生死恋"。当初快要离开安徽的时候，她在外演出，他坐在湖北来接他们的车上离开安徽，车行至半路，出了状况，翻车了，在生死一线，他只是抢出了一张杨俊的照片，紧紧地抱在怀里，并且告诉别人，这个事不要告诉杨俊。

这样的情况，怎能不爱呢？

可到最后，几番折磨之后，心高气傲、锋芒太盛的他们还是冷静地分开了。那种爱而不得的感觉太痛苦了，生生死死的爱太累人了。平日里，就像刺猬一样，恨不得去扎伤对方的感觉太痛苦了。他们只得分开，把不得意彼此交还，还给自己。把支离破碎的爱，收起来，从此太阳与月亮各自运行。

她说，走得太近，全是不满，懂得了爱，才会离开。他流着泪放她自由。

离开了，他成了亲人，她像牵挂亲人一样牵挂他，彼此间信任还在。他危难时，她还会去救他，为他筹谋，只是那已与爱无关。

通过第一段婚姻，她也就明白，过日子和工作是两码事。舞台上，要活在人物里；生活里，要活在真实和自由里。

至于他们的年龄都比她大，她是清楚地知道的，这一生她亏欠父亲，也没享受够父爱，她的婚姻里便带有了父亲的影子，且越找年龄越大。对于她来说，年龄从来不是问题，只要思想能同频共振，只要她能获得最大的自由。不仅年龄不是问题，所有社会模式框定的婚姻状况，对于她都不是问题，她从不考虑别人怎么看。第二任丈夫不是艺术上的同路人，但他对她的事业帮助却很大，那是类似于"军师"一类的角色。她的选择完全出自她的内心。

多年后，她在笔记里写道："就算两个人在一起很多年，我们还是要懂得在一些恰当时候，赞誉对方的魅力与担当，鼓舞对方的幻想与追求。赞誉爱人是一颗感恩的心在体味幸福，鼓舞爱人则是一颗聪慧的头脑在生长丰盈。没有圆满的男女，也就没有圆满的事情，我们要活得幸福，首先就要懂得欣赏和宽容。"

她说她第二次婚姻是赌博，只不过，她的这一赌，赌赢了。

8.凤栖梧

杨俊的魅力，总是生长在语言的艰难处，你没法去描述，但总是被吸引。

美

杨俊是美丽的，很多人都这么说。

她在舞台上很美，那种对角色的领悟和个人天生的灵动，自然就有一种美，尽管这被一些导演定位为会演戏。但其本质是美。所以，她在不惑之年演《妹娃要过河》中的阿朵，我们一样会看得陶醉。所以，即使她只是演一个小春红，也会被李翰祥导演看中。尤其是她的眼神，《西游记》里村姑的淳朴、白骨精的阴厉，《孟姜女》里孟姜女的悲伤，《天仙配》里七仙女的甜蜜羞涩，《妹娃要过河》里阿朵的多情和决绝，《双下山》里小尼姑的多情和寂寞，《未了情》里陆云的留恋、悲痛和不舍，《党的女儿》里田玉梅的镇定和信仰，都是通过眼神表达出来的，让我们欲罢不能。当然，她从小打下的刀马旦和花旦底子也让她的身段有弱柳扶风之姿。她通过每一段戏曲的努力，把

艺术的美学凝固在自己的形神之中。

　　生活里，她保持着好身材，除了年少的时候不自觉地胖了，被《垂帘听政》放弃之后，她就没有让自己放任过。她懂得节制，对生活对吃食对美好事物的节制，因为她眷恋那个让她绽放的舞台，她要把美留在灯光下，那里是她的梦想，是她的灵魂归处。她想她每一刻的准备都是为了更好地站在那里演绎另外的人生。

　　舞台之外，她把归于平实的生活气息传递给身边的人。她对待任何人都是真诚的，她也善良，即使有时候因为工作上的事发脾气，也会心软地一个劲地检讨自己。她本质上依然是那个心底里透着美的女人。

"高贵与优雅到底是什么？是一个人在巨大的压力下，仍然保持勇气和淡定。"（摘自杨俊笔记）面对生活给她的磨难，她都在用真心、用坚强去化解，一天比一天淡定，怎么能不优雅呢？她爱生活里出现的每一个人，她珍惜自己的出身和奋斗来的成果，怎能不高贵呢？

美是什么？在杨俊这里，美是一种哲学，是一种身体力行的践行。她在笔记里写道：

> 美丽的极致是忘却自己的那一刻，这时的你不仅是最自然的，因为不必取悦任何人，也是最独特的，因为没有任何人可以与你相比较，这是只属于你的内心体验，是摆脱了任何高矮胖瘦的尺度，而发自生命本源的炫目光环。

是的，内心和生命本源。内心充盈，生命方能高贵，生活交付的一切才能云淡风轻，都能随风而逝。内心之花盛开的时候，外在之花也自然盛开，这就是美。

"没有人会喜欢孤独，只是比起失望，随欲，以及冷热交替后的纵横来说，孤独会让人更踏实。任何东西只要足够迷惑你，就足以毁了你。"她的美还来自孤独，她愿意享受孤独，而不是去熙熙攘攘的人群中，人云亦云。很多时候，她看起来像一只孤雁，这不是说她身边没有人，而是说一种感觉。而这种孤独，是精神丰满的人都在寻求的。

可爱

2016 年，《伶人王中王》的舞台上，杨俊反串《打猪草》里的金小毛，没想到上场前裤带断了，她硬拽着裤子上了场，活泼泼地演完，一下场就笑成了个小孩子。我们都莫名其妙，她笑得上气不接下气地告诉我们裤带断了，我们也笑得不成样子。

　　别看她在台上应付自如，可她是近视眼，她在台上根本看不清情况，一切都靠感觉，走多少级台阶，她排练时会记住。我每次都担心她走错，担心她会摔倒，可神奇的是，她从来没有出错。

　　只要不是重大事件，她都是可爱的。她会吐舌头，会撒娇，会生气，会使小性子。

　　她每次谈起妈妈，都是可爱的，仿佛几十年光阴从来没有到来过，她就没有长大过。她像小孩一样依恋妈妈，想妈妈的时候还会哭。

　　　放假了，终于可以让自己进入蓬头垢面，可以不用刻意洗漱打扮的状态了，想吃想睡由自己，好不自在。人就是要舒服，为自己活着的日子不多，但凡有可能，我都不会放过。找乐，是我今后追求的目标。

她在笔记里这么写。

艺术家也是需要任性地活着的，最原始最自然的那一刻，就是最真实的存在。需要出场时，自是美艳不可方物，不需要出场时，也可以蓬头垢面。而后者，来源于她本身，这本身，是因为她始终保存有一分天真，始终保持着赤子之心。

情义

杨俊有情有义。

她与张辉分开几年后，在湖北省的一个重大活动中，本来已经安排她与别人上演《天仙配·路遇》一折，但她郑重要求与张辉完成演出，电话给张辉打过去，张辉都愣了。他们在台上再次唱起董永与七仙女的故事，是那样地珠联璧合，也是那样地情义无限，这是属于他们从年少到现在骨子里的情义。为了配合张辉，她还跑回黄冈去排戏，和她曾经的同事们又聚在一起，仿佛只是出了趟远门，从来就没有离开过。所以，在《戏码头》节目里，张辉在台上演戏，她在台下哭成泪人。不管有没有分开，她都不会忘记，永远不会忘记。

章华荣对她有恩，《金声玉振》节目采访她时，她要带着章华荣去。新戏《妹娃要过河》上演，她要邀请章华荣来见证。所有她的新变化，她都记着章华荣。当章华荣的《黄梅戏回娘家》写出来，交给《楚天时报》连载时，她的心平地起了波澜，"关闭着的心门被一扇一扇地打开，涌出的泪水像断线的珍珠，如此不能自制是为我曾经拥有的爱，拥有的青春年华，拥有的一腔热血而激动不已，黄梅戏于我，我于黄梅戏，彼此都留下了太多的念想"。她还鼎力相助，促成了章华荣的《黄梅戏回娘家》出版面世。她视章华荣为良师益友。她并不擅表达情感，这些情义都埋在心底，她能做到她想回报的。

● 与张辉同行

时白林老师开个人音乐会时，她是第一个以个人名义赞助的人。

黄冈的上上下下对她都好，她在节目里总是说，黄冈是她的第二故乡，她感恩那些给过她帮助的人。

唯一的师父余笑予离开一段时间了，她会在每一个祭日在黑暗里为师父点一盏心灯，她为师父写下一些怀念的话，她想念师父。是师父给了她艺术生命。这份怀念将永远伴随她到生命的尽头。

黄梅戏五朵金花，如今花开四处，不管她们因什么原因分开，但她始终想念着每一个人，另外四朵金花总是不定时地出现在她的笔记里，她惦记着她们，她们需要她时她也义无反顾。

她去参加节目，随行工作人员的利益，她都会帮助争取，没有让他们吃亏。她不寻求做大咖的感觉，宁愿和自己的工作人员窝在一起。她身边的人受了欺负，她也会挺身而出。

人生旅途，总是有太多的人相伴，她都会记得。给过温暖的，给过帮助的，给过抚慰的，给过情感的，在尘世中，借了这些暖暖身，扭过头来，她都会一一给予回赠，只要她能做到。

这是她留给人世的情，很重。但，不能背叛。

执着

杨俊是执着的，人生几十年，她只追求了一样东西，那就是她魂牵梦萦的黄梅戏。

如果不是真正地见到和听到，你怎能确信她那样的身板和肩膀，竟能扛过那么重的担子呢？怎能一次次地在暗夜里哭泣，又在白日里挺胸抬头，去栉风沐雨呢？水利万物而不争，也许正是具备水的柔软才无坚不摧。

她知道，"上帝安排一个人的命运，或者说给一个人使命，其实是给他一个爱好，一种真实的喜欢，一种叫作'瘾'的东西。"这个'瘾'

可大可小，可进可退。全在于自己。她也知道"你过于在意的东西永远
都在折磨着你"。可这样的折磨也是一种快乐。她自己经历过折磨，犯
过瘾，那种兜头而来的幸福，是局外人无法体会的。于是，她为此执着。

　　"主角谁都想演，可只有一个，就算是配角，也有不能被主角掩盖
的光芒。"不能演主角时，她把配角演出光芒，她不会放弃。电影电视

剧为她带来名和利时，她一样眷恋舞台上的魅力。人生遭遇劫难时，她也只想着尽一己之力去振兴和发展，而不是放弃。灯光一亮，丝弦一起，她就觉得生活是鲜活的，她可以去角色里生活，而忘记生活里的不如意。戏曲不是一个人的事，当她能团结很多人，做成一件事时，她是快乐的，那种快乐，任何事都不能替代。

如何能放弃？

那就只有走下去了。

执着过，努力过，付出过，努力和付出，也带来了回报，这个回报不是别人认为的，而是她认为是合适的，她便获得了人生的成果。她不被拥有的东西捆绑，她的执着让她不怕失去，失去了就再去拿回来。

不在意别人的眼光，活这一次也就是为了自己。活一次是为了自己，那就继续执着。

话剧《蔡文姬》里有句台词：你是在用你全部的心血、全部的生命在弹唱、在歌咏。杨俊也是这样，外人看到了她的执着，而亲近的人看到了"执着"这两个字，是用她一生的心血和生命凝聚成的。

矛盾

艺术是拒绝抽象的，从事艺术的人，大多个性饱满，他们只能活在个体的感觉中，以自己独特又隐秘的方式活着。而在生活中的人，则要面对纷繁复杂的世相，为人处世要取多数人需求的最大公约数。这本身就很矛盾。

不在工作状态时，杨俊很可爱也很平和。一旦进入工作状态，她就变得直接、严厉、急躁、锱铢必较，甚至不近人情。在单位，她的刀子嘴能把人逼得无所适从，调教那些新生娃时，她严厉得让人畏惧。这是她性格上的矛盾。这样的矛盾，经常让一些不熟悉的人不知如何是好，而熟悉她走近她的人，却能懂得，她的率真平和是本性，她的严厉是奔着对艺术的极致追求去的，里面藏着对戏曲美学信仰的最大的善。她希望出人出戏，她希望那些孩子们早早地站在湖北戏曲的最高舞台上，她用表面的"狠"来掩盖心里的疼，恨之深爱之深责之切，希望大家都不要走弯路。无论哪一面，都是她，都是她的本真，这样的矛盾看似不同，实际是殊途同归的。

后来，她成了电视真人秀节目的常客，她有分寸的点评，让人喜欢，她看似云淡风轻的竞争态度也让人喜欢，尤其是她在《戏码头——全国大学生电视戏曲挑战赛》中担任导师时，展示在人们眼前的是一个韬略十足的将帅。然而熟悉她的人都知道，作为东道主挂帅，她很怕输，作为年龄最大的导师，她焦虑，一点儿都不淡定，某些时候甚至有点神经质。这样外在表现与内心呈现的矛盾，才足足地告诉我们这是怎样的一个正常的人啊，这才是和她理解的《天仙配》一样接地气。不然，那样地云淡风轻，那样地看似毫无竞争感的人，会让人觉得不真实。好在这样的矛盾，都是暂时的，她的得失心会让她很好地消化这样的矛盾。

一阵风，留下了千古绝唱，昔日的飞红流翠，丝裘革羽，都已远逝，而真正的歌唱，在板尽处，依然缭绕。这是我们对曾经罹乱岁月的一种怀恋，而杨俊多数时候要作为管理者存在，歌尽处，有一些人的生存重担，为大家劳碌奔波时，又舍不掉那些飞红流翠。这样的生存与发展，舞台与管理，是她的另一组矛盾，而她把矛盾都交给舞台上的绽放去化解。

她的爱和恨，她的美与罚，她的漂泊与辉煌，她的光亮与黑暗，她的众多矛盾，伴随着她深深浅浅高高低低的艺术与人生。她把矛盾送到了灯光下，只要灯光为她而亮，矛盾就会如烟飞逝。

凤栖梧

说到杨俊，总能想到凤凰。

相传凤凰每五百年，就要背负着积累于人世间的所有不快和仇恨恩怨，投身于熊熊烈火中自焚为灰烬。以精神与灵魂的献祭，来重获艺术生命的焕发，是每一个艺术家的宿命。杨俊何尝不是这样。

在外漂泊的那七年，有人说，她是"胡作非为"，是黄梅戏的逆子。有人说，她"无所作为"，是坐失优势的守墓者，未必是黄梅孝子。这样的指责或责难，不仅没有打垮她，反而让她变得强大。她知道只有背负传统，面对未来，发展优势，艰难行进，才可能成就自己的艺术梦想。

并不是每个人都有推倒重来的勇气，《诗经·大雅》的《卷阿》里，有一首诗写道："凤凰鸣矣，于彼高冈。梧桐生矣，于彼朝阳。菶菶萋萋，雍雍喈喈。"是说梧桐生长得茂盛，引得凤凰啼鸣。菶菶萋萋，是梧桐的丰茂；雍雍喈喈，是凤鸣之声。庄子的《秋水篇》里，也说到梧桐。庄子见惠子："南方有鸟，其名鹓鶵，子知之乎？夫鹓鶵，发于南海而飞于北海，非梧桐不止……"在这篇文章里，也把梧桐和凤凰联系在一起，他说凤凰从南海飞到北海，只有看到梧桐才落下。而梧桐为树中之王，相传是灵树，能知时知令。《闻见录》："梧桐百鸟不敢栖，止避凤凰也。"作为百鸟之王的凤凰身怀宇宙，非梧桐不栖。

凤凰非梧桐不栖，这是传说，也是我们的文化符号。

黄梅戏就是杨俊的梧桐，她像凤凰一样栖于梧桐之上，舒自己的魂，

展自己的魄，把有限的生命献祭于黄梅戏。她终会创造属于自己的文化符号，只要艺术的光照亮人们的心灵世界，人们就会记住苍穹里那颗耀眼的星辰。

"梧"也是"武"的谐音，栖居在武汉，在黄鹤楼下，就着长江的锦帆十里，她用楚文化的魅与神秘滋养自己，这难道不也是一种神秘的符号关联吗？

附 录

她一路奔驰，扬着朝圣的大旗

王国维在《人间词话》里说道："客观之诗人，不可不多阅世，阅世愈浅，则性情愈真。"

艺术家也同样。

拥有同等视角的人，去看杨俊；拥有戏
曲之外的眼界，去打量戏曲。会呈现不同的
印象，那恰是客观的丰富的。

做中华美学精神的传承者

杨俊

自从与黄梅戏结下不解之缘，我就认为，黄梅戏不是一个人的艺术，是生活的营养、群众的支持使我成长，是党的教育、组织的关心成就了我。黄梅戏是地方传统戏曲，在改革开放不断深入、经济社会不断发展、科技更新日新月异的当今，我们的艺术道路该如何与时俱进地走下去？

黄梅戏是地方传统戏曲，历史悠久，特色鲜明，富有浓厚的生活气息，深受人民群众喜爱，是中华优秀传统文化的代表。根据当今时代的特点和要求，对其进行创造性转化、创新性发展，不断赋予其新的时代内涵和现代表达形式，对于推进社会发展具有十分重要的意义。

实现中华民族伟大复兴的中国梦，文艺的作用不可替代，文艺工作者大有可为。我们应该从这样的高度，来认识艺术的地位和作用，认识自己担负的使命和责任，我们的使命就是做中华美学精神的传承者。

既知使命的崇高，方显责任的重大，在今后的艺术道路上，我们要深入生活，扎根人民，坚持艺术的本源，创作出更多反映这个伟大时代的作品。

杨俊从艺40周年研讨会上的发言

张曼君

　　杨俊和我的联系，是断断续续的，虽然在心中，我是把她放在第一高的位置。我的心跟她是非常贴近的，我们之间无话不说。她在我面前呈现出的那一派天真、纯真、知心，每每回味起来，都令我感动不已。

　　再看十年前的戏《妹娃要过河》，就看到了十年前的自己。这部戏，我还看到一个艺术家，她的努力、她的心血，她的每一分每一秒，走出每一个具体的脚步。当然也看得到我们共同付出的一些心血和努力，汗水甚至泪水。现在的杨俊，我觉得是成熟到了一种饱和状态的杨俊。当然她以后还可以再发展，一种清醒认识上的发展。在这个阶段的杨俊，她是积攒着所有的热情、热爱、纯真、天赋、才情，迸发出来的一个最绚烂、最值得打量、最值得沉淀，甚至值得"把玩"的一个成品。那天看见舞台上的"妹娃"，我就在想，当时决定接手这个戏，也非常偶然，这一个偶然促成了我和她最直接的一种交往，两个想搞纯粹艺术的人的一种纯粹的交往，在选材、音乐、戏剧结构，在后来呈现的方方面面，我们俩几乎是亦步亦趋，互相提醒、互相支撑，最后互相证明。

● 从艺四十周年

十年前，湖北省宣传部门希望做一个戏，用土家族的题材，黄梅戏的艺术方式。当时的文化厅副厅长沈虹光说，"做一个二老喜欢的戏"，老百姓喜欢、老专家或者是老干部喜欢。这种朴实的初衷，实事求是的创作作风，使得两个艺术家，特别是杨俊这样的艺术家，在七年的干涸之后，找到了一个透气的机会，虽然这种题材这样的创作是非常艰难的，怎么把土家元素和绵软的民间的黄梅元素融合在一起，各有特色又互相兼容，非常有挑战性。在某种程度上，从一开始我想要做一个土家族少女的命运故事，我要做一个黄梅版的《罗密欧和朱丽叶》，在它身上夹杂着图兰朵的东西。女主角就是为杨俊来设置的，当时她已经 40 多岁，我觉得她的气质，她的热情，她的眼睛触动着我，从来没有想过应该给她塑造一个特别敦厚的、淳朴的形象。她应该是好奇的、勇敢的、进取的，同时又是柔情的、美丽的这样的一种女性，这就是杨俊。我觉得，我最大的成功是找到了她身上最基本的这种特质。

十年后看她仍然从吊脚楼上走过，美还是美，我看得出这里面多了一些沉重的气质，美得有几分沉重。那天晚上，我看到了十年前青涩的自己，在戏剧表演和歌舞轮回的过程当中，现在的杨俊，我觉得她在清醒地接受十年前的这种创造的初衷，走到今天，她呈现出来的某些沉思、某些重量，恰恰是在这个人物身上有机地找到了一种融合。十年后再看这个戏，整个舞台上的洗练干净不会落于十年前。十年前，我们的综合情况会比较好。十年后我看到了一个落实在每一个部门，甚至落实在每一个演员身上的那种清醒的理性，很好，几乎没有什么落差。只是杨老师瘦了，太瘦了，还是要稍微胖点，这样可能对气息、对演唱会好得多。

像杨俊这样的一个演员，在舞台上的分分钟，她是怎么样落实呈现其中，这里面就谈到演员的第一自我、第二自我。现在我们特别需要呼唤第三自我，我们怎么理性地把控着、审视着、度量着、权衡着自己的表演，这就听起来很玄乎，但是对于中国戏曲来讲，却需要这样的引导。

杨俊现在有，我希望她能更自察，我从这边走下来，我的美、美在哪里？我这么走，我不是以我少女的那种天籁之美，青春对爱情向往的永恒之美，那么现在的美是怎么承载的？这个时候其实要有第三自我来调适和呈现。现在她相较于十年前，更有这个意识，更成熟。杨俊还有最大的特点，她跟其他的戏曲演员有所不同，她非常喜欢文学，她写的一些文章特别有文采，她某些谈吐也非常具有文学的归纳性。在具备充分的理性思考的基础上，她可以成为有理论反思或者指导能力的一个表演艺术家。在中国戏曲演员当中，你问我哪个最有创造力，杨俊应该是摆在前面的。她有能力、有自己的剧目的积累，更有人生的阅历，这些成就了现在的杨俊。杨俊在中国戏曲表演领域中的价值，应该是更加偏重理性结构和中国戏曲表演结构来进行分析、渗透、剖析和总结。

"鄂派黄梅"这个词好像是在《妹娃要过河》首演的新闻发布会上，我首先"乱说"的。说了之后我也愣了几分钟，从"妹娃"这样一个剧目中，可以看到一个地域给予的文化的滋养，一个地域的某些民族的特点。看十年前的自己，再看现在的杨俊，其实她帮我完善了、完成了一名导演对一个剧目所有的想法和寄托，当然也承载了所谓"鄂派黄梅"能否走得开，传出去、传下去的一种可能。那么，怎么守住这打出来的一片天地，同时让所谓的"鄂派黄梅"真的走得开，再传得下去，她身上的重担和重托也是显而易见的……

在这样的一个关键时刻，还有这么多人，特别是燕升这样的团队，以一种更大能量的传播态度和传播质量，把杨俊作为一个演员的话题来作研讨，我觉得这都是上苍给予我们的恩赐。不苦，我觉得非常幸福。

重铸经典 别开新声

——观杨俊主演的黄梅戏《党的女儿》有感

胡应明

在第二届全国地方戏曲南方汇演开幕式上，看到了杨俊主演的黄梅戏《党的女儿》，顿觉耳目一新。该剧原是阎肃先生创作的一部革命历史题材的红色经典之作，由歌剧到京剧，影响面颇广，且屡屡为不同剧种剧团所搬演。应当说，这种驾轻就熟的搬演，既可为院团添加可资信赖的低成本的上演剧目，又可在弘扬主旋律的合唱中加入一个颇具特色的"声部"，观众受益，专家认同，的确不失为一条获取综合效益的艺术"捷径"。但湖北省戏曲艺术剧院院长杨俊的追求并不止于此道，她瞄中这一剧目，是因为她认为黄梅戏表现这类题材，可能更能体现出剧种的特色与优长，也可能更有质感地来表现投身革命的山村女性形象。于是她像对待原创剧目一样地较真，找来资深编剧宋西庭老师来移植改编剧本，请来著名音乐人徐志远先生来写腔谱曲，找到舞美大家田少鹏先生来重新设计，总之，一丝不苟，摆开架势、严阵以待。她自己领衔主演，带领着黄梅团的一班年轻演员。而原剧本提供给女主人公田玉梅的人物基础，较之叛变革命的马家辉与精神陷入极度分裂的其妻桂英等男女主配，就相对简单甚或扁平一些。这无疑给杨俊带来了如何彰显剧种优长和如何激活扁平人物的双重挑战与艺术砥砺。我们欣喜地看到，从由春及夏紧张排练到成功首演的厉兵秣马中，杨俊经受住了这场挑战，且在不断砥砺中大放光彩！这是演员自身魅力创造的光彩，也是人物性格释放出来的光彩。杨俊何以把这个塑造空间相对逼仄、很难演的人物演好了、演活了，我想主要是基于以下几个方面的创造元素。

一是丰沛细腻的内心体验。在剧中，围绕主人公田玉梅的人物关系并不复杂，随红军转移远去的丈夫（基本不在戏中）、相依为命的小女儿，再就是与叛徒马家辉的一波三折的周旋较量。总体上看，人物的情感张力并不大，相应地反而容易落入"宏大"抒发的窠臼。这就要求演员在特定情境中不虚饰不矫情，沉潜到人物的内心，把真实的细微的情感激荡出来，从而产生扣人心弦的艺术感染力，以期引发观众的情感共鸣。杨俊通过对人物内心的深度体察，哪怕是一句短短的台词，也饱蕴着真情迸发的内在劲道，比如一开场的临刑就义，田玉梅面对女儿的哀哀哭号，只一声撕心裂肺撼天动地的"七叔公"，便把主人公临别托孤的极度悲怆，把慨然赴死的凛然决绝，同时也把一个母亲的百结柔肠等等情感状态，表达得淋漓尽致；同样，当她从一起殉难的死人堆里艰难爬出，发现挡在她身边的人就是让她得以幸存的人，一声涕泗悲啼的"老支书"，悲悼、感恩、隐忍、激愤、奋起，种种情态，"呼"之而出，撼人心魄！还有，在叛徒的以假乱真的离间中，她一时被人们、特别是被她所信赖的七叔公误以为就是出卖同志的叛徒时，于万般委屈中痛苦自诘，"亲人哪，我做错了什么""我不是叛徒"，这些台词，经由演员抑扬顿挫而充满内劲地迸出，精到地表现了人物在此时此刻此情此景中复杂而又真切的情感。所谓"千斤道白"，其实正是艺术家体验人物、内视心魂、熔铸情感后的审美增量与艺术质感所在。

二是丰肌约骨的性格塑造。单纯而非复杂人物的性格塑造，更多地有赖于艺术家的细节处理和精微表达。在剧中，一个普通的山村女子，因了一次死里逃生的生死变故，而在"情境"中激发出内敛的巨大革命能量，没有落荒，没有退缩，而是自觉担起了命运的闸门、紧切的使命，去向党组织揭穿叛徒的丑恶行径……这些情节的行动线，饰演田玉梅的杨俊，将每一个戏剧节点，都恰到好处地连缀为人物性格的发展线，通过唱念做舞特别是她"花旦"出身的功底和"花衫"式的自如表演，赋予人物以性格光芒。当她找到"区委书记"，那种亲人般的倚靠，那充满意志力的急切的痛陈，及至看到马家辉的虚与委蛇和桂英的疯言疯语，她犹疑中的离去，都张弛有度地归落于人物的心理节奏上；当她找到七叔公而被误认为叛徒"难证清白身"时，操守与尊严（真正的革命者将其视为生命）使主人公痛彻心扉地倾泻出"老支书啊，你不该刑场救我命……亲人怀疑剜我心"的灵魂歌哭，在这里，演唱的高超技巧已化为无形，有的只是人物内心的深度剖析与真切表现，闻之动容，揪人情肠；当党组织遭破坏，她寻思着自行成立党支部而要负起"党的领导"责任时，体现出一个普通党员深重的使命感，她最终"临危受命"后表现出惊人的果敢，情境中主人公那一连串铆着心劲向前的大碎步（不是大步），微妙而精细地传达出一个貌似弱小女子的重大责任担当！党性与人性、善良与坚毅、平实与崇高，在这一人物身上得到了高度统一。艺术家正是通过这样一些看似细碎细小地方的细腻表演，丰满了人物的血肉，结实了人物的筋骨，从而创造出丰肌约骨的人物形象。

三是丰富多彩的综合呈现。围绕着杨俊，黄梅团一班优秀的青年演员都有可圈可点的不俗表现，饰演桂英的程丞、饰演马家辉的吴进良、饰演七叔公的林杨，包括饰演孙团长的刘学武等人，众星拱月，相得益彰，很好地抬升了杨俊的演出气场。我以为，这也正是作为院长的杨俊所设定的"整体提升"青年演员的另一个目标。而音乐的大气磅礴而又"小家碧玉"式的黄梅戏化，无疑为整出戏的审美创造提供了坚实的基础，田玉梅最后英勇就义时的一段大咏叹，既饱满地发挥了杨俊的唱工之妙，又紧紧依托人物，唱出了"杜鹃啼血"式的无限深情，却又有黄钟大吕般的理想激情！荡气回肠，不绝如缕……舞台美术简约大气，很好地营造了戏剧情境，烘托出特定的历史气氛、山野气氛及其戏剧氛围；看得出来，编剧老师也在强化主要人物的情感表达、放大与删节、特色与熔铸等方面，做足了功课；新锐导演邓德森长于表现人物的心理空间状态，可谓得心应手地与主演一起合力创造，使得整个舞台的综合呈现，以点带面，凸显人物，充满了艺术张力。当然，一部不满足于搬演而是投入激情创造的"新"剧目，有些小的瑕疵在所难免，但黄梅戏《党的女儿》的别开新声，无疑给当代条件下搬演经典、重铸经典过程中的思想再深化、艺术再创造提供了有价值的启示。

杨俊有戏

沈虹光

杨俊的黄梅戏真是又靓又俏，她擅唱，还能演，一双散光加近视的大眼，还挺唬人，看过《僧尼浪漫曲》的都记得，那小尼瞟来瞟去的眼睛，勾人得很。

唱戏最讲究天赋，没一条好嗓子和一个好模样你就别干这一行。干也可以，要让观众喜欢难。观众喜欢杨俊，可是，你要以为杨俊就凭爹妈给的模样和嗓子就获得了成功，那就错大发了。就那个《妹娃要过河》，她下了多大的功夫，她自己知道，我在一边也看到一点点。从作者深入生活开始她就跟着，讨论剧本，伸着脖子听大伙发言，拿着小本子记。都成"腕儿"了，可以当甩手掌柜了，你弄好了我演就是，有的连走调度排场面都由替身代劳，像杨俊这样亲力亲为劳心劳神的，有，我见到的不多。你看她身姿轻盈吧？你就不知道她练功有多苦，为了迅速瘦身，要包上塑料膜，怎么难受怎么折腾，弄得大汗淋漓，还要惦着戏外的"戏"。综合艺术，不齐心合力，这棵菜就不完美。剧中有一段戏，要从高平台上往下走，要踩着节奏，嘴里还要唱，不能偷觑脚下，要保持身段姿态的优美。看到这儿我总是替她担心，可别一脚踩空了，摔个大马趴。

可她就是不让我笑话，从来不出错。就像一个优秀的运动员，状态也会有起伏，但总是好的时候多。我看杨俊的戏，包括晚会清唱，电视访谈，状态总是那么好，对答也很得体。人漂亮，也有脑子，让人很服气。

总是想，当年安徽怎么让她跑过来的？这样人见人爱的演员，放走好可惜哟。由此也更佩服安徽对人才的真正尊重。

当了院长的杨俊变了，剧情突转，打起了急急风，进进出出一溜小快步。有事找我，电话来了，语速飞快，你在家吗？好，我过来！啪，电话挂了，就过来了。来了就急急忙忙地说，说急了额头鼻尖还冒汗。掏纸巾擦汗，一个大包包，乱七八糟说不清楚装了些什么东西。这就是院长，日理万机，早上出了家门，下午不一定什么时候回来，零碎用物都装在包包里随身备着。

杨俊有戏，不光是她的黄梅戏，现在还有她的楚剧、汉剧。一个剧院三个团，人多戏多，人尖子多，个个都要生存要发展，门一开就是事儿。她倒不怕事，意见相左也不回避，当面锣对面鼓，说完就完，不纠缠，这时候她会有点男子气，绝不斤斤计较。湖北人常说"耍拉"，就是干脆利落，不拖泥带水的意思。可"耍拉"的前提是头脑清晰、心中要有数，否则出错失误也是干脆利落不拖泥带水的。杨俊的"耍拉"还行。

我体会到她心中的重点：第一，要搞戏；第二，要推年轻人。

搞戏她很务实，很踏实。地方戏，特别是楚剧，那是平民的艺术，题材选择要往下走，不要追求形式的奢华。虽然《妹娃要过河》的制作有点大，但她拎得清，她知道剧院的艰难，既要搞过节的戏，也要搞过日子的戏。而能过日子的戏，都离不开老百姓的悲欢离合。

推介年轻人时，她就像个大家长，扳着指头一个个地数，这个唱得怎么样，那个身上又如何，都是我的人，爱得不得了。她有艺术眼光，说得都很准。要选什么样的戏才能尽快地把一个个年轻人推出来，她思考得很仔细。

这次参加地方戏艺术节，他们选择了三出戏，正体现了她的思考。楚剧《思情记》、汉剧《求骗记》、黄梅戏《女驸马》，说故事演人物，雅俗共赏，都是观众喜欢的，过完节日常还能演出。楚剧和黄梅戏制作了新布景，很精心，但都不豪华。主演都很年轻，《思情记》的演员更是全在三十岁以下，是青春版。

我曾提醒她，你们可是省级剧院，拥有的资源比下面多得多，你搞好是应该的，只能出高端产品啊！

她不笑了，一脸严肃，说，我知道的。《思情记》排练时，她把刘丹丽等首演原版的老演员都请了回来，一个对一个，手把手地传授调教。《求骗记》演出时，我在黄鹤楼剧场前厅看到她，一脸焦虑。说是《女驸马》的女主演病了，进了医院。

我问她怎么办。

她说给安徽打了电话，请他们赶紧借个人来救场。

来得了吗？

她说，说是要来的。还不是怕万一嘛，所以我也在准备呀。她抬了抬脚，让我看她脚上的练功鞋，说，早上我还在练呢，这个戏我也十年没演了。她又抚了抚屈起的膝盖，说，这儿还积水呢。

我知道那是排《妹娃要过河》时，练跪步练伤了。《女驸马》如期上演，安徽救场的女演员来了。那天的戏票很紧张，湖北剧院大门口人头攒动，挤满了戏迷。

不见杨俊的身影。她在哪儿？好像不在武汉。她是中国剧协"梅花奖"艺术团的成员，经常有任务，东南西北到处演出。

果然，打了个电话回来，说最后一场她没看，不知道他们的青年演

员表现怎么样。

　　问她在哪儿。

　　说是在西藏。

　　那么，她是站在高原上唱黄梅戏了。不知道她有没有高原反应？喘得上气吗？想象她御风而行，翩然出现在高原上的样子，还是美丽地笑着。喘不上气她也能唱好的，至少不会让观众看出来。她做得到。

生命处处繁花（代后记）

终于写完了，耗尽我一年的积累。如何来架构，很难，一旦思路定型，写起来倒是很快的。

我想了许久，杨俊的生命轨迹，也就是安徽与湖北，于是我直接把她的人生经历切分为安徽和湖北两大段。安徽篇有现成的诗"杨家有女初长成"可命名，湖北篇一时找不到合适的题目，有一天，写到她的故乡当涂长眠着李白，翻李白之诗时忽然看到一句"江城五月落梅花"。呀，我的心跳了一下，江城武汉是她的落脚地，"梅花"是她的艺术褒奖，至于是不是五月，倒不必深究了。就是它了。湖北篇也有了名字。

分成安徽和湖北的时候，因为地域文化的探寻，竟然发现一个城市的文化气质与一个艺术家的内在气质那么相似，不由得相信，文化遗泽对后世的文化创造的孕育，由此，探索城市文化和精神气质也成了本书的一个个小部分。这真比只谈论杨俊本身更有意义。

两个人生部分定下，记起康志刚先生说到的，应该有她的艺术展现，她舞台的光彩从何而来，又有多么让人喜爱。于是，我再专辟一卷谈艺术，想到她的一剧一格，我便用"横看成岭侧成峰"来命名。

长江文艺出版社的编辑李艳十分认真，我们一直在交流，她想出了好多主意，比如说，应该有一个主题贯穿始终，我就在想什么才是杨俊一生最主要的那根线呢？是艺，那就用艺串起它，这便是现在这一版每一卷的大标题。

既然是传记，更多与她人生有关的记录是不是也不能丢掉？想到她以后也许不会再专门出书了，我又增加《戏里戏外》一节，她的人生品质，她为这个世界树立的榜样，她的朋友，她的家人，都在我的记录中，而这些戏外的表述丰富着她的人生。

想到我写作过程中用到的一些资料，我择优作为附录，那是她人生和艺术的另一个侧面，是我的写作内容的反证。

这便是现在大家看到的架构和内容。丰富则是丰富了，与其他传记相比，体例好像不太一致，却能完整地记录一个艺术家的一切。看艺术时，只为艺术，读人生时，一口气读故事。我把黄梅戏的历史放置其中，一是这样的背景反衬，更能显现杨俊存在的意义，二是让故事不再那么单薄，三也是对戏曲史的科普。我在这样的历史中，寻找她的端点。

杨俊说，要感谢这个时代。她在这个时代里走向艺术舞台，也走向政治舞台。

她的人生有时代的轨迹在里面。20 世纪 80 年代，我们戏曲还辉煌的时候，她在舞台上并没有大展长才，但她赶上了电影电视的初期扩展。到 90 年代，戏曲求新求变，与人民生活有距离之时，她主演了两部好戏，与时代生活密切相关的好戏，获得了她艺术上的高度。这是她艺术呈现最密集的时期。2000 年之后，戏曲震荡，她也进入震荡期。之后，她的代表作就少了，除了她对艺术的严苛，还有时代的关系，我们的娱乐方式和人们的快节奏生活把戏曲冲击得七零八落。她艰难地出了两部代表作。她获得政治地位之后，多数只剩下了为戏曲呼吁和奔走了，戏曲的辉煌不再。

她也说，这个时代对戏曲来说也许不是最好的时代，但这个时代机会特别多，只要努力，就会有收获。只要付出，就会有机会。这个时代开掘出了她更多才能。

这个时代，戏曲不是最强音，但她的人生轨迹却对我们整个传统文化的思辨是有意义的，对时代的思考也是有意义的。她的传记但愿担负了这样的文化功能。

还得感谢章华荣先生，他的《黄梅戏回娘家》提供了太多信息，许多对话或场景不需复原，就活生生地存在于他的书中，而我只需要拎取那最生动的部分，对于我来说，这是一种捷径。但是有什么办法呢，除了杨俊的口述，章华荣先生记述太详细，想弃之不用都会觉得对不起老先生。作为见证杨俊成长的他来说，我这么走"捷径"，我自以为是地想他不会介意，所以又多了几分心安理得，但郑重地感谢是必须的。我在黄冈见到他的时候，他身体很好，思维敏捷，很可爱。我也正式向他表达过感谢，但书面的记录也是要有的，文以载道，有此珠玉在前，免去了我钻研考究之苦，我只需要拾他牙慧即可，惶恐至极，因此，要向他致敬！

感谢杨俊，丝毫没有犹豫就把她的笔记交给我，那是多大的信任啊，她是把隐秘的那部分自己都交了出来。写成此书的那刻起，这些飘飞的思绪也成为我生命的一部分，我会记着这样一个她。在我的戏曲刻痕上，我不会轻置。对于我，她自从相识，便认定了朴素本质，肯定我的文字功底，把最深的信任交给我。怎一个"谢"字了得。

感谢潘焱，每次去武汉都是他接我，不厌其烦，我甚至无理地请他陪我去一趟湖北省博物馆，而他很忙，却没有拒绝。他在接送我的行程中，陆陆续续地讲述他心中的杨院长。他不夸张，也不轻忽，只是客观地讲述，用他一贯温和的态度。他带我走过他们的生存场所，一点点地解说，让我对他们的剧院有了完整的认识。谢谢。希望下次去，还是他来接我。

感谢白燕升先生，带我走进《伶人王中王》，带我走进《戏码头》，让我认识杨俊，让我认识武汉戏码头的重要历史，我才得以在生命的历程中与这些人和事一一相遇，才有了今日写作《杨俊传》的重要缘分。

感谢张曼君导演，我们应该是因为文字走近的，我看过她的现场解说，我就立志走进她的所有剧目，她也邀请我一点点去熟悉她的艺术及思想，我不知道今后我们还能创造什么样的缘分，但今天写作《妹娃要过河》的过程，以及她的导演阐述的分量，足够我今天真诚地表达我的感谢。

感谢徐志远先生，为我提供他音乐创作的小细节以及对杨俊的观感。

感谢张安岚女士为我在黄冈采访提供方便。

感谢杨俊的家人给我提供了许多细节。感谢杨俊的小迷妹纤纤，以及接送我采访的司机王师傅。

感谢山西的杜学文、黄风等先生，为我这本传记提供了文化体悟及写作技巧。

也要轻轻地感谢自己多年的坚持，可以在文学与戏曲之间遨游，即使背负着一些误解与伤害，也还是一天天走下去。在这两者之间，用文字作戏曲的帆，用戏曲作文学的桨，锦帆十里到天涯，这已经是人生最好的事了。

感谢长江文艺出版社，有了这样的合作机会。

感谢我的工作单位提供的绝对支持。

感谢一路同行的朋友们。这里就不一一赘述了。

如果有缘，生命处处繁花。

2021 年 3 月 6 日初稿完成
2021 年 3 月 10 日第二次修改完成
2021 年 3 月 24 日第三次修改完成
2021 年 4 月 24 日第四次修改完成
2021 年 6 月 6 日第五次修改完成